Roman Malo

avec Catherine Siguret

Nous n'avions pas d'argent, mais nous avions l'amour

Devenus orphelins,
ils ont dit non à la fatalité

Albin Michel

Nous n'avions pas d'argent,
mais nous avions l'amour

« Refusez de vous soumettre
et vous voilà libres. »

Étienne de La Boétie

Je serais resté un invisible comme tant d'autres pauvres si en août 2021 Maman n'était pas morte, neuf ans après notre père, faisant de nous des orphelins. Ma sœur de vingt ans et moi, vingt-cinq ans, avons alors appris n'avoir droit à rien pour élever Yonah, notre petite sœur de treize ans. Pas un centime. La loi n'a pas prévu notre cas. Il allait falloir abandonner Yonah aux services sociaux, à moins d'arrêter nos études pour le marché du travail, alors que nos parents nous avaient laissé un seul héritage : nous pousser à emprunter l'ascenseur social pour tenter d'échapper à leur vie de misère.

Toute ma vie, j'avais fermé ma gueule, travaillant dès dix ans pour gagner trois euros en lavant des pare-brise et à quatorze la nuit pour payer les factures du foyer familial. Comme la majorité des pauvres, qui se cachent des voisins comme des médias, nous étions jusque-là les champions de la dissimulation, polis, propres et souriants. J'avais appris à imiter le bourgeois, adoptant les codes bourgeois, accédant à des études de bourgeois, habillé en bourgeois, fréquentant des bourgeois. Personne ne savait d'où je venais.

J'avais réussi mon coup. Mais l'idée d'abandonner ma sœur m'a tellement arraché les tripes que j'ai jeté ma panoplie de tricheur professionnel aux orties. Si moi, qui sais paraître à force de m'être formaté à la société, je ne parle pas, quel pauvre le fera ?

La merde, on est tombés dedans sans y être nés, et pour avoir connu l'avant-après quand j'étais petit, je suis bien placé pour dire qu'on y dégringole plus facilement qu'on ne croit. Le propre du pauvre est de continuer le plus longtemps possible à croire qu'il ne l'est pas, sinon il se flinguerait au stade où il se rend compte qu'il est passé de l'autre côté, quand tout espoir de s'en sortir lui devient interdit. Notre mère a chanté et dansé toute sa vie, autant pour nous enfumer que s'enfumer elle-même. Elle est finalement morte de s'être usée dans des emplois humiliants, sans jamais une plainte. Mais en nous gavant de joie et d'amour, elle nous a légué le courage de nous battre. Pour nous et pour les autres enfants précaires, notamment orphelins, pour qu'ils ne soient pas condamnés socialement en plus d'être mutilés affectivement.

Chapitre 1

Et hop! C'était parti pour l'aventure! Toute la famille entassée dans un grand camion de déménagement quittait sa Belgique natale pour aller habiter en Vendée, dans ce beau pays qu'est la France! Il y avait Morgane, quatre ans et demi, ma petite sœur adorée dont j'avais choisi le prénom, moi, huit ans et demi, que mes bonnes notes dispensaient des quelques semaines restantes du CE2, Papa, Maman, et un ami de la famille qui ramènerait le camion à Bruxelles. C'était le printemps, saison des promesses…

Les parents en avaient plein la bouche depuis des mois, de leur projet : ils allaient reprendre un élevage canin de lévriers et goldens à mille euros la bête, la passion de ma mère. Leur future mission semblait tombée du ciel pour les tirer d'un mauvais pas. Notre père venait de se faire lâcher par le plus gros client de sa boîte de maintenance informatique, qui laissait une grosse ardoise. Notre mère, increvable et toujours en action, faisait du secrétariat chez un architecte, sans compter ses heures sup' sur la compta de notre père, en rentrant. Tout ça manquait de passion et notre père était un impulsif. Face à l'adversité, il ne luttait pas, mais envoyait tout promener. Quant à notre mère, elle était amoureuse de ce tempérament flamboyant, courant chez ceux qui ont grandi dans la soie, alors qu'elle-même avait appris à faire profil bas dans une famille de combinards. Le shoot d'adrénaline d'une révolution professionnelle et d'un dépaysement total les comblait tous les deux.

Avec ce départ en France, ils rejouaient le scénario de leurs débuts amoureux, qui avaient commencé plusieurs années avant ma naissance par une cavale. Notre père était déjà marié et père de famille, notre mère tout juste libérée de la sienne, qui la traitait en bonniche. Avec ses trente-cinq ans et sa gueule de play-boy, grand blond bien bâti à la mâchoire marquée, classe et cultivé, il n'avait eu aucun mal à séduire notre mère, secrétaire stagiaire d'à peine vingt ans, blondinette mignonne et toujours élégante, la tête peuplée de rêves. Il l'avait enlevée dans sa belle voiture pour aller vivre en Italie en vue d'un projet de golf fumeux. Ensemble, ils avaient chanté *Sara perchè ti amo* les yeux dans les yeux, en fumant leur paquet de clopes quotidien, une année entière sans emploi concret, jusqu'à extinction des économies de notre père. De retour en Belgique, il avait eu la chance de remonter une boîte, le courage de quitter sa femme, sans en divorcer pour autant, lui laissant tout façon grand seigneur, la paix a un prix. Même les enfants ! Cheveux au vent comme le couple de l'époque, nos parents partaient à nouveau sans se retourner, oubliant dans le remake qu'ils avaient désormais deux enfants. Notre père oubliait ses cinquante-deux ans pour s'en croire trente-cinq – à moins que ce ne soit quatorze – et notre mère souriait aux anges, entre rêve de chiens et admiration conjugale, deux adulescents à qui il ne venait pas à l'esprit qu'ils répétaient un échec, à un autre âge, avec charge de bouches à nourrir, à une époque plus difficile, dans une région rurale d'un pays étranger. À mon esprit encore moins. Moi, qui n'avais pas encore vieilli prématurément pour faire contrepoids, je ne redoutais rien. Morgane non plus. Quel enfant n'aime pas la sensation de partir à l'aventure sous le soleil en famille ?

Bien sûr, j'allais perdre mes copains, mais j'en trouverais d'autres et je préférais déjà les loisirs de mon père à ceux de mon âge. Il transformait des ordinateurs sous mes yeux, m'expliquait *Matrix*, m'apprenait plein de choses avec des microscopes et des télescopes, me faisait réfléchir en décortiquant les phénomènes fascinants qui le passionnaient dans *Science et vie*. À côté de l'espace infini des connaissances possibles, jouer au foot ou au loup allait bien de temps en temps mais sans plus. J'adorais tellement apprendre que l'école avait proposé à mes parents de me faire sauter des classes, mais ma mère n'avait pas voulu me couper de ma classe d'âge, à juste titre selon moi. Mes bonnes notes les avaient encouragés à partir en mai pour la France sans finir mon CE2, je m'en remettrais.

J'ai vécu au début de la Vendée les plus beaux mois de mon enfance. C'était pourtant ceux qui allaient l'enterrer. Cinq mois de carte postale dans une jolie maison de vacances, crépi blanc, volets rouges, avec grand jardin qui ouvre sur des champs à perte de vue. Né dans la périphérie de Bruxelles dans une maison avec un mini-bout de jardin, je découvrais l'ivresse d'envoyer mon ballon super loin et de faire le zouave avec Morgane pendant des journées qui n'en finissaient pas. Mai, juin, juillet… Comme tous les gens heureux, nos parents avaient envie de faire plaisir et notre mère nous régalait de supers repas pendant que notre père nous mitraillait de son appareil-photo. Morgane et moi avions toujours représenté l'essentiel de leur vie en dehors du travail. Même en Belgique, je ne leur ai jamais connu de supers amis réguliers, parce que notre père s'entichait des gens avant de ne plus pouvoir les supporter. Pour les ados aussi, le monde social en dehors de leur bulle n'existe pas. Les vacances semblaient destinées à ne jamais finir alors que nous n'étions jamais partis au-delà de l'excursion à la mer, notre père détestant quitter son antre. Nous découvrions des parents toujours là, ne courant pas après le temps, entre boulot, dépôt à l'école et garderie. À l'écart du gros bourg de Sainte-Cécile, mille cinq cents habitants, nous vivions affranchis du temps et de l'espace. Notre mère avait toujours rêvé d'une grande maison pleine d'enfants pour se réparer de son enfance, avec une tablée où couver les siens avec son instinct de louve. Elle vivait comblée que l'on ressemble au cliché de la famille idéale. Mais le cliché s'est vite déchiré.

Le « plan » de l'élevage canin était l'équivalent du « plan » d'ado, c'est-à-dire un projet casse-gueule, présentant toutes les caractéristiques du mirage. Notre mère avait rallié notre père à sa passion après une course de lévriers. Elle avait découvert l'existence en Vendée de l'un des meilleurs élevages d'azawakhs, spécimens rares, et pris contact avec le propriétaire, que nous appellerons charitablement Monsieur L. Elle voulait sa bête, avec pedigree, immatriculation au LOOF et particule de noblesse. Elle seule a échangé par mail et téléphone avec lui jusqu'à convenir d'un rendez-vous sur place. Venue avec notre père en Vendée, elle s'est finalement vu proposer mieux : reprendre l'élevage que Monsieur L. comptait léguer pour une raison qui faisait chavirer le cœur de ma mère : Monsieur L. venait de perdre sa femme et sa fille. Mais sous quelles conditions, à quel prix, quand, et que ferait ce monsieur cinquantenaire après avoir lâché son gros élevage qui tournait bien ? Ce sont des questions que ne se posent pas une passionnée et un grand ado en panne de rêve. Ils ont foncé. Et je crois franchement que n'importe quel « plan » autre que le « plan chiens » aurait fait l'affaire. L'important était le défi, l'excitation, la fuite. À l'issue de la visite, Monsieur L. avait conclu :

– Inutile de prendre le chien tout de suite, vous l'adopterez quand vous serez sur place !

Ironie de l'histoire : en arrivant en Italie aussi, ils avaient pris un chien. Ce serait la seule chose vraie dans leur « plan », en fait. On aurait un chien, et même trois !

La jolie maison de vacances était à vingt kilomètres de l'élevage, un ancien relais de Poste situé à Vendrennes, au bout d'une petite route en cul-de-sac de trois kilomètres à travers la forêt. La grande maison principale, la petite maison mitoyenne et le bâtiment servant de chenil et de pension étaient entourés de champs et de forêts à perte de vue, offrant une expérience d'immersion dans la nature qui me nourrit encore. L'été, c'était enchanteur pour des gosses, avec le plaisir de voir nos parents pleins d'élan apprendre un métier qui avait du sens pour eux. Morgane et moi les aidions, soignant et caressant les chiens, pendant que notre père créait un beau site internet et que notre mère apprenait les bons gestes et les impératifs administratifs. Notre père travaillait vite et bien sans se tuer à la tâche, ce qui fait qu'en quelques heures il avait fini, ou estimait en avoir fini. Notre mère n'était, elle, capable que de tout donner, ne comptant jamais sa peine ni son temps, une bête de somme innée, quand bien même on ne lui aurait rien demandé. Il fallait toujours qu'elle fasse plus, mieux. Il n'était même pas nécessaire de lui dire merci, et pour ça, elle était bien tombée…

Les quelques semaines de formation, devenues mois, se prolongeaient… Sans salaire. Monsieur L. savait prendre les devants quand il sentait notre père un peu tendu. Il leur faisait l'aumône de quelques billets de la main à la main sur le mode « Ne me remerciez pas, ça me fait plaisir ». Alors que la somme représentait 10 % de ce qu'aurait coûté le boulot abattu. Notre mère, naïve et bonne à n'en plus finir, rentrait quasi heureuse pour trouver notre père moins emballé :

– On ne peut pas vivre éternellement à crédit, Natacha… Va quand même falloir passer à l'action !

Mais notre mère avait de nombreuses explications, outre que cet homme était en deuil et que faire le deuil de son métier était une épreuve de plus, elle avouait ne pas maîtriser encore le métier, elle avait encore beaucoup à apprendre, Monsieur L. avait besoin de temps pour renoncer au fruit d'une vie de travail, etc.

Reste qu'il fallait manger, mettre de l'essence dans la voiture, la Ford Focus verte neuve achetée en Belgique déjà un peu au-dessus de leurs moyens. À la campagne, tout coûte, même aller faire des courses si l'on compte les trajets. L'élevage faisait faire quarante kilomètres minimum par jour, et à la rentrée nos écoles seraient à une dizaine de kilomètres. Les économies avaient fondu... Monsieur L., au demeurant un homme très sympathique, unique ami de notre famille exilée, a dû sentir qu'il tirait trop sur la corde et il a proposé :

– Et si pour diminuer les frais, vous veniez habiter la petite maison mitoyenne qui ne me sert à rien ? Je vous ferais un petit loyer... Trois cents euros ?

Nos parents ont dit oui, évidemment. C'était rationnel, pour une fois... Rationnel aussi peut-être pour Monsieur L., sur un autre plan... C'est là que j'y vais de mon interprétation d'enfant, perçue à hauteur de mes huit ans et demi, à des tons de voix, des regards, pas de gestes à ma connaissance : je pense que Monsieur L. ne pensait pas qu'à ses chiens quand il a proposé à notre mère une « reprise » ! Quand ils étaient venus en visite pour prendre le lévrier, la leader du couple, c'était notre mère. Notre père, pas au mieux de sa forme sociale, commençait à perdre de sa superbe, alors que cette petite femme pimpante, dynamique et fan de chiens n'avait pas trente-cinq ans... Je crois que Monsieur L. s'est dit : « L'autre est défaillant, informaticien et citadin, il va pas suivre ; moi je lui offre une vie de rêve au "grand air canin", elle va craquer… » Manque de chance, « il » a suivi. Nous rapprocher de Monsieur L. physiquement pouvait multiplier ses chances de succès, elle n'avait que cent mètres à franchir, avec un mari de plus en plus en retrait, estimant que le type se fichait d'eux. Mais travailler tête baissée, notre mère savait faire, dans tous les sens du terme. Raté pour les cent mètres ! Peut-être que je me trompe, mais Monsieur L. n'était ni exploiteur par vocation, ni cinglé, ni mythomane, et ma seule explication est qu'il jouait la guerre d'usure à coups de sourires, louanges et verres partagés sur un coin de table, même si parfois, il y avait « l'autre ».

Moi, j'en ai un bon souvenir de cette maison de Vendrennes. Je veux dire par là qu'en arrivant, c'était toujours le bon temps. Morgane et moi allions encore à l'école en voiture parce que les parents pouvaient y mettre de l'essence. À la rentrée du CM1, je me sentais chanceux de vivre hors de la civilisation, dans un endroit beau et sauvage, dans une maison de pierres avec poutres apparentes. Il y avait une cuisine en L avec un coin dînatoire et un immense salon, dont je n'imaginais pas qu'on n'y mettrait jamais les pieds faute de finances pour le chauffer l'hiver. Je faisais mes devoirs dans la cuisine, avec le bruit des jeux de Morgane, de l'aspirateur de ma mère ou des discussions des parents sans que ça me gêne. Mais à vrai dire, ils discutaient de moins en moins… Je sentais comme un malaise, des débuts de conversations autour de l'argent, qui tournaient court quand l'un d'eux me désignait d'un regard rapide. Je me souviens ne pas m'être senti très à l'aise à l'école quand on me demandait le métier de mes parents, et que je répondais qu'ils allaient reprendre un élevage canin... Comme si déjà, moi, j'avais perçu que ça ne se ferait jamais. En attendant, mon principal obstacle était la langue française. J'avais fait ma scolarité en néerlandais. Nous parlions le français à la maison avec mes parents bilingues – mon père était même quadrilingue –, mais je ne savais pas l'écrire du tout. J'ai vite appris et été bien accueilli. Le petit Belge blondinet propre sur lui passait mieux que le mec du département d'à côté regardé comme un « étranger ». Le soir en rentrant à la maison, j'aidais à nettoyer les box des chiens, avec Morgane, ma complice, encore en maternelle. J'aimais l'activité physique, apprendre à travailler de mes mains, et ce n'est pas Monsieur L. qui allait m'en empêcher ! Mais les tensions entre mes parents devenaient plus explicites et inquiétantes :

– On ne va pas se défoncer six mois de plus gratos pour ce type ! On est à sec, Natacha, à sec !

– Je sais, Patrick, soupirait ma mère. On va trouver des solutions... Et si je montais un élevage ?

– Dis pas n'importe quoi..., tempêtait mon père.

C'est vrai que l'élevage d'animaux de races est un milieu sélect, où il faut des fonds et des relations pour se lancer. Ma mère était aussi naïve que capable du plus grand pragmatisme :

– Je vais trouver un travail à côté, alors...

– Si tu veux...

Et lui ? Lui, il a décidé qu'il ferait des missions informatiques à droite à gauche, souvent au black, en proposant ses services sur internet. Se mettait en place le système qui ne prendrait fin qu'avec la mort de mon père. Ma mère accepterait tout, à n'importe quel tarif horaire, estimant qu'un euro de rentré est un euro de rentré, tandis que mon père mettrait dans la balance sa peine et sa « dignité ». Dans leur chambre-bureau du premier étage, il montait et démontait des ordis, rachetant des pièces manquantes, les revendait ou dépannait à domicile pour ramener un peu d'argent, uniquement quand notre mère craquait parce qu'il venait de refuser un CDD de plus. Il travaillait parfois deux jours chez un employeur et n'y retournait pas le troisième jour :

– Tu ne vois pas comment il me traite ?! éructait notre père. Avec la carrière que j'ai derrière moi ?!

Il ne réalisait pas que l'employeur se fichait de ses heures de gloire révolues, que ses cinquante-deux ans étaient loin d'être un atout, que la région était sinistrée en emplois qualifiés. Il ne comprenait pas que personne ne « mérite » tel ou tel salaire en soi, que tout dépend de l'offre et de la demande. Comme il se faisait payer cher, les gens pouvaient l'appeler une fois, mais ils ne rappelaient jamais. Du travail, à la campagne, il y en a, c'est l'avantage du rural, mais à condition de bien vouloir mettre les mains dans le cambouis, quand ce n'est pas la merde, et d'oublier son ego. J'en tire de là, et de toutes les années qui ont suivi, la conviction que pour sortir de la précarité, le constat est tragique, mais il faut accepter d'être humilié. Je l'ai constaté et vécu, loin des théories qui font plaisir.

La réalité, c'est que notre mère était la seule à ramener de l'argent régulièrement et que c'est avec que l'on mangeait. Elle trimait dix heures par jour, accumulant les missions en intérim. Je l'ai vue tout faire, des inventaires de magasin, des travaux agricoles, de l'insémination de canes, le ramassage des œufs. Elle a tout pris. Elle ne disait jamais non. Elle acceptait de se pencher. Elle disait merci. Et quand elle rentrait, je ne l'entendais pas se plaindre, mais la voyais traverser la cour, après avoir mis le faitout sur le feu, pour donner un coup de main à l'élevage :

– C'est pas possible comme t'es naïve, on l'aura jamais cet élevage ! s'emportait désormais notre père.

– Mais le pauvre s'est cassé le pied, argumentait notre mère. Laisse-lui un peu de temps…

Parce que c'était vrai, Monsieur L. s'était cassé le pied, sauvé par les circonstances qui ont prolongé le leurre de six mois.

Notre mère a toujours voulu sauver le monde avant de se sauver elle-même. Elle était loin d'être bête, mais la gentillesse lui court-circuitait la raison. Le malheureux, c'était toujours « l'autre », quand bien même on serait au fond du fond à ne pas pouvoir tomber plus bas. « Y a pire que nous », ou « On n'a pas grand-chose, mais on rigole bien ! », avons-nous entendu toute notre enfance. Et c'est vrai qu'elle nous a toujours offert une vie aussi chouette que possible, courage et bonne humeur au programme sur le mode *La vie est belle* (le film). Du coup, alors que la famille vivait avec mille cinq cents euros rapportés par notre mère pour quatre bouches, les charges, le loyer et la voiture, elle s'appliquait à donner l'illusion que tout continuait comme avant. Sauf que j'ai vu les croissants de la boulangerie devenir les croissants Eco+ achetés par sacs de dix, passés au four pour faire illusion. Le week-end, douchée, bien mise et maquillée, elle partait en nous embrassant faire le ménage au café brasserie de Vendrennes, certaine qu'en commençant par les chiottes, ce qu'elle a fait, on finissait serveuse, ce qui se produisit ou presque. Notre père, il aurait fallu qu'on le paie pour reprendre la direction, et encore, il aurait réfléchi... Notre mère y a fini polyvalente, un peu de ménage, un peu de cuisine, un peu de service, au même tarif horaire parce que le patron ne « pouvait » pas la payer plus. Il la dédommageait en nourriture, jusqu'au moment où elle a compris que ce n'était pas avec des saucisses qu'on allait payer le loyer ! Elle n'a arrêté qu'en trouvant un autre job, sans s'accorder un jour de répit bien sûr.

La panique saisissait nos parents tour à tour, notre père sans en tirer de conséquences, comme daigner prendre n'importe quel emploi. Moi, j'écoutais maintenant aux portes, très inquiet, et protégeant Morgane en feignant l'insouciance, la mise en place de notre jeu de rôles. C'était tantôt notre mère qui demandait à mon père de se bouger, et il réussissait à décrocher la mise à jour des ordinateurs de l'école rien qu'en rencontrant le directeur, tant il avait encore fière allure. Une mission ponctuelle. Si elle râlait un peu trop, il avait de toute façon une parade toute trouvée :

– C'est à cause de ton idée à la con qu'on est venus dans ce trou !

Tantôt c'était notre père qui haussait le ton, parce qu'il voyait notre mère se démener, mais paradoxalement lui en voulait un peu :

– Tu vois pas comment on te traite ? Et tu acceptes ?

Notre mère apportait le dessert sans répondre et passait à autre chose. Il allait même jusqu'à la décrire, et la détruire, sans s'en rendre compte :

– Moi, être chauffeur ou faire du gardiennage, payé que dalle avec mes compétences, très peu pour moi ! Je suis pas une pute !

Du haut de mes neuf ans, je voyais très bien que notre mère accusait le coup, sans pouvoir lui reprocher non plus ce qu'il n'avait pas dit… Mais à propos de « pute » justement, une scène a marqué pour toujours l'idée que je me faisais de lui.

Un jour, en rentrant de la brasserie, ma mère lui a parlé d'un client qui lui faisait du gringue et qu'elle envoyait promener gentiment. Sauf qu'elle l'avait trouvé sur le parking à l'attendre, avec d'autres arguments :

– Pourquoi une femme bien comme vous, vous faites ce boulot ? Vous méritez mieux que ça, non ?

Notre mère avait une dignité et un maintien qu'on refuse d'imaginer aux pauvres… Elle a répondu tout aussi dignement :

– Je le fais en appoint… Parce que j'en ai besoin financièrement pour ma famille…

Le type ne s'est pas dégonflé, suggérant goguenard :

– Bah je vois bien d'autres moyens, sinon…

Notre mère a évidemment tourné les talons, et sans doute qu'elle racontait cette scène à notre père pour entendre une protestation, un coup de gueule, un mot de soutien, comme je le guettais moi-même tapi derrière ma porte. Et là… il n'a rien dit. Rien. Pas un mot. Un silence pensif, genre « Tiens, en effet, gardons-nous ça dans un coin de la tête ». Notre mère est restée tout aussi silencieuse… Pour reprendre une expression qu'on emploie parfois avec mes sœurs : « Je n'attendais rien mais j'ai été déçu ! ». Pour dire les choses plus franchement, je crois que si notre père l'avait demandé à notre mère, elle en aurait été capable, par oubli de soi, par dévotion envers celui en qui elle voyait son héros et sauveur. Elle n'aimait pas notre père, non, c'était au-delà : elle le rêvait. Et rien n'est plus difficile à enterrer qu'un rêve. Quand on se tue au boulot toute la journée et qu'on retrouve une vie morne le soir, il faut bien croire un peu à quelque chose pour tenir le coup. L'admiration l'a sauvée… autant qu'elle l'a plombée, et nous avec elle.

La situation était grave. Non seulement des citoyens belges n'auraient jamais eu droit au parachute social complet du pauvre, qui ne l'empêche pas forcément de couler, seulement plus lentement, mais en plus notre père vivait dans l'arrogance du « On n'a pas besoin de ça ». Ils avaient pour point commun la phobie de devenir des assistés. Même quand notre mère est allée honteuse voir l'assistante sociale du coin et a appris qu'elle gagnerait davantage au chômage après son dernier CDD, elle a rempilé pour une autre mission, « quoiqu'il en coûte ». Il ne s'agissait à ses yeux que de sa peine, et la peine, ça ne se chiffre pas. Quant à notre père, il ne ferait jamais de demande de RSA, alors qu'il restait sans revenu des mois entiers, et les autres mois ramenait quelques centaines d'euros aléatoires. Lui, c'était « Après moi le déluge », elle « Marche ou crève », deux mentalités qui partageaient la même absence d'esprit analytique. Après que notre père a revendu tous les ordinateurs de l'époque Belgique sauf le PC principal et trois meubles, à défaut de pouvoir augmenter les rentrées, j'ai donc vu mes parents diminuer les dépenses. Pas besoin d'être adulte pour constater le changement de train de vie.

Nous avons adopté une façon de vivre qui a « fait » mon enfance, au sens de durer toute mon enfance, mais qui l'a aussi façonnée... et dont l'adulte que je suis devenu ne s'est pas dégagé. La pauvreté, on ne s'en remet pas.

Au lieu des sacro-saintes « courses de rentrée » que j'avais connues en Belgique, notre mère s'est mise à acheter nos vêtements au supermarché ou chez Destock-chose, et ce serait bientôt Emmaüs, le Secours catholique, la Croix-Rouge, et toutes les associations qui finissent par le mot « solidaire ». Notre mère s'est mise à recoudre, customiser, raccourcir. Au rayon jouets, il nous restait une Game Boy et des cartes Pokémon, mais sans renouvellement possible, un lecteur DVD avec trois uniques films, dont *Stuart Little* et *Spy Kids*, qu'on a regardés en boucle toute notre enfance. Avec Morgane, nous apprenions à vivre et jouer sans dépenser. On construisait des cabanes, on jouait au foot, et la fois où j'ai déchiré un blouson neuf, ça m'a rendu malade. Le week-end, on se promenait en forêt. Notre mère nous faisait faire des herbiers, gardait les rouleaux de PQ pour bricoler avec Morgane des petits bonshommes dessinés sur un œuf vidé par-dessus. Notre mère magicienne essayait d'entretenir l'illusion de la continuité. Elle nous faisait croire qu'on avait tout alors qu'on n'avait rien, ce à quoi elle s'emploierait sa vie entière. Pour Morgane, ça fonctionnait encore. Moi, je me suis vite rendu compte que demander un peu d'argent pour mon anniversaire jetait un froid, jusqu'à ce que je ne demande plus parce que savoir que votre mère trime une heure pour vous donner dix euros tarit vite le désir.

Notre caddie est devenu le caddie du pauvre. Elle n'avait jamais acheté de plats préparés ou de produits transformés, consciente que c'est un gouffre en plus d'être mauvais, et cuisinait beaucoup. Mais les menus étaient désormais dictés par les promos, les lots, les coupons, nous étions les champions de la carte de fidélité. Ce qu'elle aimait par-dessus tout, c'était le cagnottage génial « spécial pauvres ». Une enseigne connaissant bien le terrain sans doute avait inventé un système de points qui permettait de récolter les gains en monnaie sonnante et trébuchante et non en bons d'achat. Dix euros, c'était autant d'essence qu'on pouvait mettre dans la voiture alors qu'il n'était plus question de faire le plein d'un coup. Et puis nous avons reçu un pensionnaire « surprise », le fils non reconnu de notre père, Cédric, vingt-cinq ans. On pourrait croire qu'il tombait mal, mais en fait il nous a permis une trêve en nous épargnant le huis clos, un mouchoir sur la descente aux enfers.

Cédric est né de l'union légitime de notre père avec sa seconde femme. Notre père ne l'avait jamais reconnu, persuadé qu'il n'était pas de lui, mais le voir surgir vingt ans plus tard ne laissait aucun doute. Il en était le portrait craché comme je le suis, physiquement seulement. Notre père avait reconnu la sœur de Cédric, qu'on avait vue un temps en Belgique mais qui suivait un chemin chaotique, à ne plus en avoir de nouvelle. En pleine crise existentielle, Cédric ressentait le besoin de connaître son géniteur. Ce qui n'était clairement pas réciproque. À la maison, il a vite créé un lien avec notre mère, volubile et maternante, mais il a été tenu à distance par notre père, qui se voyait sommé de s'expliquer de temps en temps et s'enflammait avant de quitter la table. Cédric était un garçon pacifique, nourri de yoga et de bouddhisme, un peu perdu mais plein de bonne volonté. Il est resté presque un an chez nous, a trouvé du travail, enchaînant les missions en interim, dont plusieurs mois chez un fabricant de fenêtres, preuve que c'était possible. Il remplissait le frigo, améliorant notre ordinaire, et contribuait aux charges communes. Nos parents lui ont donné notre chambre, et nous partagions la leur, sans nous plaindre parce qu'on y regardait sur le lit avec eux *Les Experts* et *Thalassa*. Nos soirées évasion.

La télé est l'opium du pauvre. Plus je nous ai vus nous enfoncer, moins nos parents ont lu et plus ils ont regardé la télé, et surfé sur l'ordinateur pour mon père, selon deux courbes quasi-mathématiques. Pendant qu'à l'inverse j'allais moi me mettre à lire, tout lire, dans l'espoir un jour de remonter la pente dans l'autre sens. La seule chose qu'on a évitée, c'est la télé du pauvre, avec l'écran le plus grand possible. Parce qu'il aurait fallu qu'on nous accorde un crédit et ça ne risquait pas d'arriver ! Les deux premières années, la dégringolade était sans à-coups liés à des dépenses inutiles. Il s'agissait « juste » d'une glissade inexorable. Cédric en était le témoin impuissant, impartial. Mais je surprenais ses regards de connivence à notre mère quand notre père théorisait un peu trop sur « la dignité » ou « le monde du travail » dont il ignorait tout… Cédric voyait bien qu'elle se décarcassait, tandis que notre père rêvait qu'il était quelqu'un d'autre, le chef d'entreprise resté en Belgique, voire un homme qu'il n'avait jamais été, dans un pays imaginaire.

Il va de soi que le « plan » élevage de chiens, en dehors du fait qu'on en avait trois à nourrir, a été définitivement enterré à force de preuves répétées que Monsieur L. ne nous laisserait jamais les rênes. Il a tenu notre mère en haleine quelque temps encore une fois, son pied guéri, refilant quelques billets quand il vendait une portée, mais pas assez pour que notre mère continue à y croire. Entre les parents et lui, c'est devenu juste cordial, puis froid, pour finir par se saluer rapidement en se croisant devant la porte en sortant de la voiture.

Nous, les enfants, nous étions loin de nous sentir malheureux tant notre mère nous gâtait, nous câlinait, nous aimait, sans jamais afficher sa peine ou son angoisse. Notre père était un adulte irresponsable, mais il savait donner le goût d'apprendre et placer haut la barre de l'exigence. J'étais le premier de la classe parce qu'en faisant mon boulot d'enfant, je ne pensais pas aux sous, je m'enfouissais. J'ai voulu faire du foot, mais quand il a été question de la licence à payer et des dix kilomètres de trajet, donc d'essence, on est passés du « Ah, pourquoi pas ? » au « Non, une autre fois ». Et puis il y a eu le point de bascule, quand ils ont décidé de vendre la voiture à mon entrée en CM2. On allait toucher le fond.

Chapitre 2

La voiture, ce gouffre qui nous essorait à coups d'essence et d'assurance, était vue comme coupable de tous les maux. Elle a donc été vendue alors que le crédit était encore en cours. Ils ne réalisaient pas que c'était de la folie de vivre sans voiture en pleine campagne avec deux gosses, au bout d'un chemin ! Ou plutôt si : notre père imaginait la remplacer par deux scooters d'occasion, un pour notre mère qui irait avec au travail, à plus ou moins vingt kilomètres selon le CDD du moment, et un pour lui, qui prendrait Morgane en passager pour aller à la maternelle. Pour moi, ils avaient un autre « plan », présenté sous la forme d'un cadeau d'anniversaire le 27 juillet, une chance :

– Tu vas aller à l'école en vélo à la rentrée… Et… voilà la surprise !

Tatadam… Roulements de tambour. Cela faisait un an qu'il n'avait pas été question de cadeau sans que je perçoive une gêne.

J'ai déballé mon cadeau, un très beau vélo qui avait dû les saigner, rien à côté des adieux à la maudite essence. Ils voulaient aussi me faire plaisir. Et me faire aimer les dix kilomètres que je devrais faire matin et soir pour gagner l'école… Le petit chemin dans la forêt, ça allait bien, mais il y avait aussi une portion de nationale où les voitures déboulaient à 110 kilomètres/heure. Notre père roulait lentement devant sur son scooter, avec Morgane accrochée à l'arrière. Sur le plan de la sécurité, c'était plus que moyen pour tout le monde. Et puis l'hiver est venu, les petits matins dans la nuit, le froid, la pluie, le temps de chien vendéen. J'ai parfois eu peur, j'essayais de prendre sur moi, d'être fort… Je refusais de me plaindre pour ne pas en rajouter. Notre mère me donnait l'exemple de serrer les dents en partant sur son scooter avant le lever du jour. Après quelques mois, j'ai eu l'idée de transformer la peine en jeu, et même en opportunité de devenir meilleur :

– Je voudrais un chronomètre! Pour me mesurer à moi-même.

C'était loin d'être un caprice, ils l'ont compris. Désormais, j'en « chiais » parce que je relevais un défi. Mon trajet avait du sens. Je me suis habitué à assortir toute difficulté d'une part ludique, pour que la pilule passe mieux.

Ce que les parents n'avaient pas calculé, c'est que l'absence de voiture accentuerait notre isolement. S'il pleuvait, on ne bougeait pas. L'hiver, c'était quand même souvent le cas. Ils n'avaient déjà guère l'occasion d'avoir des relations sociales, notre père avec ses clients ponctuels et volatiles, notre mère avec son boulot où elle n'était qu'une paire de bras, mais ce serait pire puisqu'on vivait cloués au bout du chemin. Je me souviens de quelques repas avec des collègues précaires de notre mère, le plus souvent invités quand la paie venait de tomber. Elle avait le don de camoufler la misère par la propreté impeccable de l'unique pièce visible de la maison et une déco « home made ». Elle cuisinait un wok, répandait sa gaieté, passait une bonne soirée, mais notre père jugeait vite l'autochtone trop plouc pour lui, avec un vrai mépris de classe. Une façon de ne pas voir en face qu'il n'avait pas les moyens de recevoir les autres, si jamais il en avait fait connaissance.

La précarité empêche de payer les factures, mais aussi d'avoir une vie sociale. À mon niveau d'enfant, je refusais les fêtes d'anniversaire puisque je ne pouvais ni arriver les mains vides ni demander à mes parents d'acheter un cadeau. Plus tard, j'ai eu l'idée de mettre mes propres cadeaux de côté en prévision des anniversaires où je pourrais les offrir. Et puis si je disais oui, j'irais comment ? En dépensant deux allers-retours d'essence avec le scooter ? Alors j'invitais mes copains aux beaux jours, quand on pouvait jouer dehors pour qu'ils ne voient pas notre intérieur minable. Notre mère faisait son meilleur gâteau, et quand les parents arrivaient pour récupérer leurs enfants, elle les enfumait :

– Vous boirez bien un verre au jardin ?

Coup de chance, mon anniversaire tombait en juillet. Les parents de mes invités ne voyaient pas l'intérieur de la maison, ni vu ni connu. Dehors, notre mère nous servait des fruits découpés super bien présentés, un accueil princier. C'est là que menaçait l'engrenage. Si les gens rendaient l'invitation, il fallait apporter une bouteille ou des fleurs. Les rares fois où elle a accepté, elle apportait un plat, toute pomponnée et souriante, mais la conversation des rencontres tourne autour d'expériences de vie, or nous n'en avions pas. Il fallait couper court avant d'être découverts.

À notre père qui traitait tout le monde de ploucs, notre mère a fini par répondre :

– Mais ouvre les yeux, Patrick ! Maintenant, les ploucs, c'est nous !

Quoi qu'il en soit, elle n'aurait bientôt plus l'énergie d'inviter personne, à part vite fait pour un café sur un coin de table pendant que notre père restait dans son « bureau », autrement dit leur chambre, à errer en savant sur internet.

J'ai vite vu que mes copains de classe et moi n'avions pas plus de points communs que nos parents avec les leurs. Eux avaient des vacances, des surprises inutiles, des sorties, mais aussi une famille élargie – nous rien. Ni biens, ni gens. Un vide familial que nos parents avaient voulu. Jusque-là, je ne m'étais pas rendu compte que je n'avais de famille que nucléaire. Jusqu'à dix ans, le monde se résume à Papa et Maman. Je découvrais que chez les autres des membres de la famille gravitaient autour… Et pourquoi pas chez nous ?

Quand notre mère, Natacha Malo, parlait de sa famille, c'était une description abstraite teintée de rancœur, qui ne donnait pas envie de la connaître. Elle avait été élevée par son père et sa belle-mère. Officiellement, sa mère biologique,

Ursula, l'avait « abandonnée » vers ses cinq ans. Cette dame appelait en gros tous les trois ans – on se demandait pourquoi – sans que notre mère en soit émue. Elle avait grandi entre un père chauffagiste et une belle-mère au secrétariat avec trois demi-frères bidouilleurs. Son seul horizon était « À dix-huit ans, je me barre ! » et sitôt libérée, elle a rencontré « son sauveur », l'illusionniste Patrick Nobels, notre père. Avec d'autant moins de mal à le suivre qu'elle n'avait rien à quitter !

Notre père était d'un milieu aisé, mais tout aussi bancal. Les Nobels-Mignot avaient été une grosse fortune de la sidérurgie belge. Il avait lui aussi été élevé par son père et sa belle-mère, qui l'avaient traité comme un roi du temps de leur splendeur. Il avait bouffé la vie plus qu'il ne l'avait aimée, aimant faire la fête, briller, séduire, rouler vite sur sa moto et porter le costume-cravate. Mais les affaires avaient périclité, le couple avait divorcé. Notre père n'avait pas maintenu le contact avec eux, pas plus qu'avec les enfants avec qui il avait grandi, et aucun avec sa mère biologique, ni avec ses vrais frères et sœurs que je lui ai découverts sur le tard. Enfant, la généalogie complexe de cette branche paternelle était pour moi un mystère et notre père évitait le sujet, refusant de se retourner sur le passé. La seule personne avec qui les ponts ne seraient jamais coupés depuis la Vendée, c'était Livine, ma marraine… pour la bonne raison que son interlocuteur, c'était moi ! Celle que je prenais pour ma tante alors qu'elle n'était que la fille de la belle-mère de notre père, m'écrivait, me téléphonait, et sentant sans doute que les choses n'allaient pas au mieux, m'envoyait des livres de Harry Potter. Je me souviens juste que mon grand-père paternel, qui finirait par mourir ruiné en jogging Decathlon dans un petit appartement d'Anvers, aidé financièrement par son ex-femme, envoyait gentiment à notre mère de temps en temps un chèque de vingt euros. Notre mère était touchée. Notre père, non. Il ne voulait pas s'étendre sur la merde dans laquelle nous étions, et ne tenait pas à voir clair sur celle de son ancêtre. La dèche de son propre père, c'était la sienne en miroir : grandir et vivre en roi ; mourir en clochard. Nous au moins, on aurait commencé par la fin !

Le sac de nœuds généalogiques de notre père, il l'avait reproduit dans sa vie d'homme. Marié brièvement à dix-huit ans, remarié, père d'une fille avec qui il n'avait pas de contact, et du fameux Cédric non reconnu, il a aussi adopté deux enfants avec une autre femme. Pour dire à quel point le brouillard est dense, je ne sais même pas quelle famille a quitté notre père pour notre mère, la première ou la deuxième ! Et valait mieux ne pas poser trop de questions ! Au fond, nous sommes les enfants que notre père a le plus élevés, les seuls, tout en étant des enfants Malo et pas Nobels. Morgane et moi, il ne nous a pas reconnus légalement, contrairement à Yonah, la petite sœur qui naîtrait plus tard. Porter le nom de notre mère m'a toujours paru cohérent et souhaitable. Dans la famille, les pères dégringolaient tandis que les femmes tenaient la baraque. Elles se battaient quand les hommes démissionnaient, et très vite j'en ai eu la certitude : je ne voulais pas être l'un de ces hommes-là !

La seule chose que notre père n'avait pas perdue du masculin, c'est le pire défaut qui peut aller avec : l'arrogance. Ce n'est pas la cuillère en argent qu'il avait gardée dans la bouche, mais la ménagère ! Notre mère a trouvé le plus long des CDD dont elle pouvait rêver durant tout mon CM2, dans l'insémination des canes, sans se demander si c'était digne ou passionnant. Cédric, arrivé les mains dans les poches et sans diplôme, s'assumait aussi. Mais loin de les admirer, notre père les toisait, vissé à domicile face à son ordinateur pendant qu'ils allaient bosser.

Notre mère croyait pourtant toujours en l'homme de sa vie comme on croit en Dieu, l'implorant d'accomplir un miracle :

– Patrick, tu ne te rends pas compte ! Faut faire quelque chose, faut que tu te bouges !

Il bossait alors un peu pour qu'elle soit contente…

Cédric a fini par repartir en Belgique, déçu par un père qu'il comprenait encore moins après avoir fait sa connaissance. Notre père aussi était déçu. Il n'avait pas réussi à l'épater en pérorant sur la physique quantique. L'intelligence n'efface pas toutes les carences ! Cédric ne donnerait de nouvelles qu'à notre mère, tracerait sa route comme ambulancier en Belgique. Notre mère ayant la malchance d'être la femme de notre père, ou presque puisqu'il n'avait jamais divorcé officiellement, elle pouvait plus difficilement changer de route et son seul défi était d'essayer déjà de ne pas la quitter. Si Maman lâchait, on se retrouvait seuls au monde, ma petite sœur et moi.

Et j'avoue qu'un jour, je me suis dit : « Ça y est, elle a craqué ! On est foutus ».

C'était l'hiver. Morgane et moi étions couchés quand j'ai entendu un drôle de bruit au rez-de-chaussée, puis des éclats de voix. J'ai rassuré Morgane :

– T'inquiète, je vais voir, je reviens.

Je suis descendu. Et j'ai trouvé notre mère tombée des toilettes, totalement à l'envers. Elle était saoule comme je ne savais pas que c'était possible. Pourtant, nos parents ne buvaient pas, notre père parce qu'il avait assez fait la fête étant jeune, notre mère parce que ça correspondait à un lâcher-prise, et même un laisser-aller, contraires à sa nature comme à son idée de la dignité. Je suis resté quelques secondes muet, sidéré. Je me suis dit « Je sais bien qu'elle ne tient pas l'alcool, mais quand même… » Notre père se tenait en retrait. Dès qu'il approchait, elle lui hurlait « Dégaaage ! ». Une engueulade avait dû précéder sur le thème « Patrick, tu ne travailles pas », « Natacha, l'idée de l'élevage vient de toi ». En me voyant debout en pyjama, notre mère a hurlé dans son ivresse au milieu de sanglots :

– Je vous ai mis dans la meeeeerde ! Je suis une mauvaise maman !

– Mais non, Maman, mais non… Tout va bien… Attends, je suis là.

Je suis monté réconforter Morgane, six ans seulement, et j'ai pris mon ton rassurant de grand frère :

– T'inquiète, dors. Maman est tombée, elle s'est

fait super mal aux pieds ! Ça ira mieux demain mais je redescends.

Morgane s'est remise sous sa couette, petite chérie avec ses poupées. C'était une petite fille très mignonne. On était fusionnels. Elle me faisait une confiance totale. C'est ce qui me permettait de bien lui mentir, et de lui mentir longtemps.

En bas, notre mère restait disloquée de tristesse. Elle criait qu'elle nous rendait malheureux. Je lui jurais le contraire. Elle poursuivait :

– Mais naaaan ! On vit comme des pauvres, on n'a rieeeeeen !

Derrière, je voyais notre père qui, loin de la rassurer, se taisait, semblant partager tout à fait ce constat, comme s'il était extérieur à la situation. Elle a fini par se calmer. Dès que je l'ai sue en sécurité dans son lit, j'ai regagné ma chambre et dans mon lit, les yeux grand ouverts, j'ai réalisé brutalement :

– C'est pas une impression. On est vraiment dans la merde !

Dans les jours qui ont suivi, j'ai mis la main sur les identifiants bancaires pour regarder les comptes. Là, j'ai vu une chose simple sur l'unique compte en banque qui était au nom de notre mère : on n'avait rien ! Entre rien et moins que rien selon le jour du mois, puisqu'il n'y en avait pas un qui ne s'achevait pas à découvert. On voyait tomber les salaires de notre mère, et des dépôts épisodiques de notre père en liquide, au petit bonheur la chance. Ça finirait mal…

J'ai cessé à cette époque-là d'être un enfant. J'ai su que l'argent existait, loin du monde des Bisounours. Quand on n'en avait pas, on était dans la merde, toute la vie se compliquait, je l'avais compris. Je suis devenu un prévoyant, un prévisionniste, un angoissé. Je craignais toujours le pire, pour tenter d'avoir de bonnes surprises, mais hélas… Chaque fois que j'ai prévu le pire, on a connu encore pire. Une seule chose n'est pas arrivée : les parents ne sont pas tombés dans l'alcool parce que là, c'est simple, on aurait fini à l'ASE.

C'était la hantise de notre mère, les services sociaux, l'idée que l'on puisse lui prendre ses enfants… Les rares fois où elle est allée voir l'assistante sociale, elle tremblait. Elle a fini par arrêter parce qu'elle entendait :

– Que diriez-vous d'une reprise d'études, madame Malo ? D'une reconversion ?

Ben voyons… C'était vraiment le moment que ma mère aille tailler ses crayons à l'école alors qu'on gardait nos chaussures jusqu'à ce que les orteils dépassent de la semelle.

– Et comment on vit, d'ici là ? demandait notre mère.

– On va voir comment on met ça en place, répondait la dame.

Et puis on ne voyait jamais rien. Une fois arrivé trop bas, remonter devient un luxe inaccessible.

Je suis devenu vigilant sur les dépenses, hyper observateur, détectant les stratagèmes de notre mère pour nous leurrer. Notre père était exigeant à table, il lui fallait de la viande. Parfois, notre mère posait le plat sur la table et annonçait gaiement en posant une casserole à part pour elle :

– Je me suis fait mon petit frichti de mon côté, moi…

Sauf qu'il ne m'échappait pas que les barquettes de viande pour chien avaient disparu du frigo après ce même repas… De toute façon, on n'avait aucune raison d'avoir de la viande pour chien vu qu'ils mangeaient des croquettes… Je ne disais rien. Elle était tellement joyeuse de croire faire illusion…

Le CDD de notre mère dans l'insémination de canards s'arrêtait en fin d'année, avec quelques heures de travail non payées grattées par le patron au passage. Je ne perdais plus rien des conversations, et je comprenais qu'un petit vol de l'employeur était pour nous un gros drame. Elle a pourtant trouvé l'énergie de chercher et trouver pour la rentrée un CDD de gestionnaire de terrains de gens du voyage. Elle a eu bon moral pour aller faire la plonge et des ménages tout l'été. Mais le terrain des gens du voyage se trouvait à Chantonnay, à trente minutes en scooter, qu'il pleuve, qu'il vente ou qu'il neige, avec la fatigue et la peine qui vont avec. La voiture est revenue au goût du jour avec l'automne… Ça tombait bien, Az, le père de notre père, pauvre mais généreux, venait d'appeler, il ne se servait plus de la sienne et proposait de nous la donner.

Nos parents ont pour l'occasion fait l'unique aller-retour de leur vie en Belgique, paradis perdu sur lequel il valait mieux ne pas se retourner…

La Citroën Xanthia en fin de vie fut la première de la longue série des voitures-poubelles qui ont promené notre enfance. Elle a duré un peu, suivie d'une Ford bleu ciel rouillée dont les phares accrochés au pare-buffle ne fonctionnaient pas, puis une ou deux petites à quatre ou cinq cents euros. J'en ai connu sept ou huit. Je ne sais pas comment elles triomphaient du contrôle technique… On savait quand on partait, pas quand, ni si, on arriverait. La hantise était que la voiture lâche ou ait une pièce à changer. Le cercle vicieux, c'était qu'on achetait des voitures de pauvres, qui entraînaient une surconsommation de carburant et des réparations permanentes. Notre mère avait inventé la musique de voiture pour couvrir ce qu'on appelait « les bruits qui coûtent cher ». Mettre à fond *La Californie* de Julien Clerc ou *Confidence pour Confidence* de Jean Schultheis couvrait les couinements et râles qui surgissaient d'un coin ou l'autre de l'habitacle. Elle n'avait rien trouvé contre les voyants d'alerte du tableau de bord qui clignotaient, s'allumaient rouge, orange ou « danger ». Au milieu de la musique à tue-tête, en bon aîné, je l'interrogeais :

– C'est grave ?

Notre mère riait :

– Ah bah oui, là, je crois que c'est grave !

Et elle se remettait à chanter, alors avec Morgane, on se

marrait aussi. Il faut être très riche à l'intérieur pour survivre quand on est pauvre. On a eu une mère milliardaire.

Elle était la championne de l'organisation d'événements gratuits à domicile pour faire de notre vie une fête. Elle organisait des soirées à thèmes, chinois, indien, avec parfois le déguisement adéquat exigé. Elle adorait se lancer dans un plat exotique inédit. Elle pouvait aussi décider de fêter les vacances, les nôtres vu qu'elle ne s'en offrait pas. Il fallait tous bien s'habiller et elle achetait du Champomy. Il n'était pas question de payer le cinéma, mais nous avions tout de même nos « soirées cinéma », avec film et pop-corn devant la télé. Le samedi midi, aux beaux jours, nous allions pique-niquer au lac de Rochereau, avec cake olives-jambon, supers sandwichs et gâteau. Les soirs d'été, elle adorait nous entraîner dans de longues marches. Le dimanche, on cueillait des pêches ou des mirabelles. Elle nous apprenait à faire la cuisine à laquelle elle consacrait beaucoup de temps. Avec Morgane, elle faisait des crêpes et des gaufres, mais aussi des travaux manuels qui décoraient la maison, des toiles faites de collages, avec du sable et de la récup'. Elles se lançaient aussi dans des ateliers pâte à sel, et tout ce qui peut s'inventer avec des bouts de carton ou de la ficelle. Notre mère savait tout faire de ses mains. On aurait toujours les plus beaux déguisements de l'école, Morgane en vampire pour Halloween, moi en momie à bandes Velpeau. Les copains nous demandaient où on avait acheté nos déguisements, qui avaient coûté cinq euros de matériel mais des heures de travail et tellement d'amour… Il n'y avait que pour elle qu'elle ne faisait jamais rien, n'y consacrant ni une minute ni un euro. Alors on lui cueillait des fleurs et elle nous écrasait de baisers, tout émue. À notre retour de l'école, pendant des années, on a trouvé une maison étincelante parce que c'était sa fierté. On a toujours connu notre mère gaie, hyperactive, positive. Notre père participait passivement aux activités et à la vie de famille, jamais complètement présent, jamais reconnaissant pour la magie que notre mère maintenait contre toute raison et sans un centime. J'ai mis du temps à comprendre qu'elle chantonnait « Partenaire particulier » en faisant son repassage jusqu'au moindre tee-shirt, mais qu'elle devait pleurer parfois, tout de même, quand on avait le dos tourné. Parce que son partenaire, pour être particulier, il l'était !

Quand notre mère travaillait, Morgane jouait pendant que je découvrais, moi, la passion de la lecture. Je dévalisais la bibliothèque municipale le jour où le scooter passait devant. J'habitais le monde de Harry Potter, je rigolais avec Titeuf. Je dévorais aussi les livres savants, avec une passion pour les pierres précieuses dont j'ai envisagé faire mon métier jusqu'à comprendre que c'était un monde inaccessible pour un petit pauvre de la campagne. J'adorais les livres de sciences et tous les « mystères expliqués aux enfants ». J'empruntais même par erreur des livres d'adultes comme un Dan Brown dont *La Joconde* m'avait bien plu en couverture. Ne comprenant rien, je l'ai repassé à ma mère. À ce moment-là, elle avait encore la force de lire. J'ai tout de suite aimé l'objet livre, le papier en soi. J'ai compris que la lecture offrait un chemin qui pouvait m'évader bien au-delà de la forêt, lors de quelques heures d'enfance, mais aussi plus loin, une aide pour tracer ma propre route d'adulte, différente de la leur.

Quand notre mère arrivait le soir du travail, en cinq minutes elle se débrouillait pour que nous mangions comme des rois. Souvent, elle nous regardait attablés et nous lançait avec bonne humeur en posant sa carbonade flamande, sorte de ragoût belge :

– Alors, elle est pas belle, la vie ?!

Si, carrément !

Elle nous demandait comment s'était passée notre journée d'école, regardait nos devoirs quand elle avait deux minutes, nous aidait parfois. Quand nous avions une bonne note, elle nous félicitait, avant de retourner à son atelier d'albums-photos. Elle était l'archiviste-décoratrice des photos prises par notre père, comme pour créer une belle fresque d'une histoire qu'on ne pouvait pas développer. C'était une sans-famille « très famille ». Nous voir la requinquait. On n'aurait jamais pu se sentir plus aimés. En un sens, rien ne nous manquait… si ce n'est tout.

Alors quand notre mère nous demandait, régulièrement, sans préavis :

– Vous êtes heureux, les enfants ?

Morgane et moi haussions les yeux au ciel :

– Mais oui, Maman…

Parce que c'était vrai.

Nous, on n'attendait pas les services sociaux mais la prochaine soirée blind-test ou « petit bac » :

– Alors, une fleur qui commence par un A ?

Ça finissait en éclats de rire, avec elle, sans notre père déjà parti devant son ordi ou la télé parce que ces enfantillages n'étaient pas à la hauteur de son grand cerveau. Notre mère ne lui en voulait pas. Elle concluait la soirée par l'une de ses phrases fétiches :

– On n'est pas payés cher, mais qu'est-ce qu'on rigole !

Franchement, oui, on a bien rigolé.

Derrière la rigolade, elle assurait sans faiblir. Forte de son CDD auprès des gens du voyage, elle a décidé de déposer une demande HLM auprès de Vendée Logement. Notre père accueillait l'idée sans enthousiasme, sans refuser non plus. C'est elle seule qui a rempli le dossier, bien entendu.

C'est comme ça qu'en janvier de mon CM2, on est arrivés dans une petite maison de lotissement à Sigournais, un gros village tout proche. Ça la rapprocherait de son travail et nous irions, Morgane et moi, à l'école dans le village, autant de trajets en moins, il ne fallait pas non plus abuser de la voiture. Sigournais nous éloignait aussi de la vision permanente du rêve avorté de l'élevage de chiens. Notre mère a continué à y donner des coups de main de temps en temps, des fois que… Elle a mis plus de temps que notre père à admettre que le projet n'aboutirait jamais. Mais elle a beaucoup plus vite compris qu'un cauchemar nous menaçait.

Je me souviendrais toujours de la tête de notre père quand on est arrivés à Sigournais... La maisonnette, semblable à toutes les maisonnettes voisines, était de plain-pied, avec un garage fourre-tout, un salon-salle à manger dont les parents ont fait leur chambre, une chambre pour Morgane, une pour moi. C'était propre, fonctionnel et – je savais ausculter les ouvertures – ça semblait mieux isolé que Vendrennes, ce qui n'était pas difficile. À l'arrière, il y avait un jardin tout en longueur accolé à celui des voisins de part et d'autre. C'était propre, sans charme, mais pratique et chauffable. Sauf que notre père a fait le tour en silence, encore chic en chemise et pantalon de costume comme s'il était cadre, il s'est retourné vers notre mère et il a jugé :

– Ouais... C'est pas fou...

Moi, je trouvais ça « fou » parce que notre mère aurait moins de peine, même si je devais changer d'école pour la deuxième fois en deux ans. J'y voyais un nouveau départ !

J'étais entré en CM2, et gros événement, Morgane avait fait sa rentrée en CP. J'ai pris l'habitude de lui repasser mes cahiers entamés dont j'économisais les pages en ne dessinant pas dedans :

– Tiens, Minette... Cadeau de mes cahiers porte-chance. Et t'as intérêt à avoir les meilleures notes du monde !

Avec des cahiers à spirale, des pages en plus ou en moins, ça passait bien, surtout à son âge. Morgane était toujours joyeuse, comme moi.

Inquiet mais joyeux. J'ai vite compris que je ne pouvais pas me laisser abattre, parce que ça ne menait à rien, parce que ça ne soutiendrait pas notre mère, parce qu'on ne pouvait pas être deux démissionnaires dans la famille, parce qu'il fallait que je protège ma sœur de la vérité aussi longtemps que possible, lui éviter d'être lucide. Elle au moins resterait une enfant insouciante.

J'étais le seul à savoir que notre mère avait trouvé un atout phare à Sigournais : les Restos du cœur. Elle y est allée en cachette durant des mois. Ce qui m'a fait deviner sa cachotterie, ce sont les produits dont les étiquettes étaient arrachées, les cageots avec un peu de tout dedans, le placard de notre mère au fond du garage limite « zone interdite », que nous n'avions pas le droit d'explorer. Elle allait y chercher ses trucs elle-même et, comme par magie, il en sortait un festin digne de nous bluffer. Notre père finirait par percuter en trouvant louche le énième « achat coup de cœur » de dix boîtes de raviolis d'un coup, même si on achetait les oignons ou autres par dix kilos, cause promo. Il ne dirait rien, parce que comme pour la maison les raviolis de sous-marque, « c'est pas fou »... mais quand on n'a pas le choix, c'est mieux de se taire !

Complice d'abord silencieux de notre mère, je suis devenu vers dix ans celui qui camouflait ses petits arrangements avec la misère. Je me suis mis à en rire avec elle à l'âge où on développe un sens de l'humour permettant de mettre le réel à distance. On dansait la vie avec elle, au sens propre aussi puisqu'au fond de la dèche, après avoir trimé, elle était capable de nous mettre ses vieux

CD italiens d'Andrea Bocelli ou d'Umberto Tozzi pour nous entraîner, Morgane et moi, à danser en farandole au milieu de la cuisine. Il fallait au moins ça pour s'étourdir, ne pas regarder autour de nous. Parce que ça n'allait pas s'arranger. On a beaucoup, beaucoup dansé.

Chapitre 3

Les parents ont « aménagé » la cuisine nue de la location avec ce qu'ils avaient sous la main ou des « occasions » dénichées sur Leboncoin. Une bonne occasion, c'est un article gratuit. Notre cuisine « équipée », c'était une super vieille gazinière alimentée par une bombonne de gaz, modèle manouche. Ça suffisait bien pour les casseroles en fer, on était les rois du style vintage. On ne lançait jamais le lave-linge, d'occasion, avant qu'il ne soit tassé à ras bord, et uniquement les jours de beau temps, pour que le linge sèche dehors. Si la pluie s'éternisait, notre mère allait le faire sécher chez des gens, vu qu'elle aurait bientôt fait le ménage ou rendu des services dans tout le village. Elle était la reine du bénévolat. Dès qu'elle a commencé à devenir bénéficiaire des Restos du cœur, il va de soi qu'elle en est aussi devenue bénévole. Ce n'était que le début de sa contribution universelle au bonheur de l'humanité. Le frigo sans poignée de porte tenait fermé grâce à un scotch. Nous jouissions d'un congélateur neuf tout de même, acheté via un copain chez Métro, une dépense rationnelle puisqu'il permettait de surgeler les promos. Notre mère faisait un gros plein de courses chez Hyper U quand elle touchait sa paie du mois, puis rajoutait ce qui manquait, le moins possible. La maison avait un abonnement internet, mais le portable, souvent un pour deux, était un entrée de gamme avec options restreintes, cinquante SMS max, et parfois juste les appels entrants, l'abonnement le moins cher ou la carte prépayée.

Avec le mauvais temps, le gros sujet est vite devenu le chauffage, prévu électrique par le bailleur social alors que l'électricité est la bête noire des précaires, ex æquo avec l'essence. Après deux notes à trembler, on a abandonné les radiateurs pour le poêle à pétrole. On y balançait un liquide inflammable, des flammèches dangereuses s'en échappaient dans une odeur irrespirable. On devait donc ouvrir les fenêtres à intervalles réguliers dès qu'on chauffait. C'était contre-productif, mais c'était ça ou risquer notre vie. Du coup, la nuit, on l'éteignait. Le matin, dans le réduit glacial qui servait de salle de bains, on ne traînait pas. On se lavait au savon acheté par lots de dix, avec du papier toilette par lots de quarante-huit, une dépense utile puisqu'on se mouchait aussi dedans. Je n'ai jamais vu de toute notre enfance un paquet de Kleenex, encore moins un rouleau de Sopalin. Le plus handicapant restait le froid humide et pénétrant, et notre blague bien rodée était :

– T'as froid ? Ben, mets un pull !

Au quatrième pull, c'était le péage, on rallumait le chauffage.

J'apprenais à Morgane à se concentrer sur le bon côté des choses : nous avions une chambre chacun, après avoir en prime partagé celle de nos parents du temps de Cédric à la maison. On les a décorées à coups de posters de magazine de récup ou de guirlandes de photos, il fallait tout trouver super ! Nous adorions vraiment les balades au lac de Rochereau et la pêche, nouvelle passion de notre père qui nous apprenait à regarder la nature. Plus intéressé que Morgane, je m'asseyais à côté de lui. Il me parlait de la vie, des combats de sa génération, de la relativité du temps, des croyances, dans un début de complicité masculine à cette époque. Il m'a appris à aimer réfléchir. Il était intelligent, aussi structuré dans le discours qu'incohérent dans le comportement. Ce serait son leg à lui : m'apprendre à chercher à comprendre, aimer ça, être attiré par l'abstraction. Je crois qu'alors j'ai cru un peu en lui, comme notre mère trop longtemps. Il s'est trouvé des missions informatiques dans le monastère voisin, c'était un bon début. L'effort a duré quelques mois, rapporté un peu. Mais, en parallèle, il commençait à prendre l'initiative de dépenses soudaines.

Je voyais les débits apparaître sur le compte, rendant ma mère furieuse :

– Patrick, c'est quoi ce prélèvement de cinquante euros ?

– Une carte graphique ! Il me faut bien du matériel pour travailler !

La carte graphique permet d'améliorer les performances d'un ordinateur. Ensuite, ce serait un clavier sans fil. Le problème, c'est qu'il se gardait bien de prévenir notre mère et que les imprévus se répétaient, se rapprochaient, parfois sans impératif professionnel. Il pouvait acheter un beau sac housse pour ordinateur, déjà limite, mais aussi un beau pull, avec la bonne conscience du nanti qui n'avait jamais compté. Dans sa peau d'ancien riche, il se sentait légitime, et dans sa peau de nouveau pauvre, il tombait dans le piège du précaire qui se sent moins pauvre après avoir acheté.

L'achat a en soi le pouvoir magique de nous berner, de nous donner l'illusion d'être quelqu'un qu'on n'est pas, ou plus, et de faire supporter la situation où l'on est, même si l'achat l'aggrave. J'ai vite compris qu'il valait mieux chialer dans une Ferrari que dans une voiture rouillée, parce que notre père aimait le beau. Je mesurais la fonction de consolation de l'achat. Patrick Nobels investissait dans la panoplie du chef d'entreprise qu'il n'était plus puisqu'il bossait au black et rarement, mais dans un autre contexte culturel il aurait acheté la « télé » de pauvre, avec le plus grand écran possible, des consoles, ou des robots ménagers inutiles et hors de prix – notre mère écrasait la meilleure purée du monde au pilon. Il aurait fait du tuning sur la voiture au lieu d'en acheter une meilleure. Les achats-conneries sont les totems du précaire. Toujours est-il que notre père en « mission » ou pas, nous parvenions au même résultat : lui travaillant, nous n'étions pas plus à l'aise que lui ne travaillant pas, et il restait moins que zéro à la fin du mois !

N'empêche qu'à ma hauteur d'enfant, Sigournais marquait le retour à la socialisation. Nous avions des voisins de lotissement, dont Jason et Arnaud, deux enfants un peu plus vieux que moi. D'un côté, c'était super d'avoir deux grands copains pour aller construire des cabanes dans les arbres avec la perceuse, faire du foot sur le terrain municipal ou des âneries au vieux lavoir au bord de l'eau. De l'autre, je voyais bien en allant chez eux que ce n'était pas comme chez moi. Ils avaient du mobilier normal, un équipement pas de récup', des vêtements neufs. Ils n'étaient pas riches puisqu'en logement social, mais ils appartenaient à la classe moyenne où je croyais être moi-même jusque-là. Quand je vois des gens pleurer à la télé avec deux salaires à mille cinq cents euros, une voiture à crédit, une maison et un labrador en soupirant : « On a bien du mal à boucler les fins de mois... », je compatis... Mais très peu en fait. Nous, sauf exception, on avait juste un SMIC pour vivre, grevé des écarts de notre père. Nous, on n'avait pas droit au prêt bancaire, juste au crédit à la consommation avec 25 % d'intérêts. Ce qui nous a tenus à l'abri d'y faire appel, c'est que nos deux parents détestaient tous les deux l'endettement. À seize heures, quand j'allais goûter chez mes copains, je découvrais l'open bar dans le placard à gâteaux. Chez moi c'était deux BN et pas plus. Sous peine de renvoyer ma mère plus vite en courses, et il n'en était pas question. Jason, Arnaud et les autres revenaient de temps en temps de chez le coiffeur avec les cheveux courts bien coupés. Moi, j'ai vu le moment de bascule quand notre mère s'est mise à nous couper les cheveux. Du coup, pour mon anniversaire, en cadeau, je demandais à aller chez le coiffeur, comme un luxe. Quand il y avait un voyage scolaire, les copains battaient des mains, et c'était parti pour une semaine à la mer ou ailleurs. Moi, ma mère devait aller voir le directeur, ou plus tard la prof principale, pour demander si elle pouvait payer en dix fois. Cent cinquante euros, sur dix mois. Je me souviens d'une négociation :

– Mais enfin, pourquoi payer en tant de fois une si petite somme, madame Malo…

Notre mère se tortillait sans trop expliquer, souriant que c'était plus simple. Parfois, elle s'en sortait en devenant accompagnatrice des sorties scolaires, ce qui valait gratuité pour l'enfant. Elle jonglait avec ses horaires de travail et j'étais très fier qu'elle nous accompagne. Tout le monde me trouvait chanceux d'avoir cette super maman, à juste titre. Personne ne m'a jamais envié mon nouveau jogging. Je ne pouvais pas ne rien avoir !

Personne n'imaginait notre situation, ni à l'école ni dans le quartier, même si certains devinaient que la vie n'était sûrement pas facile. Lors d'une discussion entre ma mère, qui tentait de négocier ses échéances, et le directeur de l'école, il l'avait interrompue :

– Bah, on verra plus tard, madame Malo…

Et puis on n'a jamais rien vu. Elle était rudement contente. Nul ne s'est jamais inquiété de notre sort parce qu'il n'y avait pas de signe d'alerte. La seule chose qui comptait à l'école, c'est que j'étais bon élève, pas perturbateur, super propre et poli, Morgane pareil.

On n'a jamais ressemblé à la caricature du pauvre. Jusqu'en sixième, j'ai cru moi-même qu'on ne l'était pas. Juste, on avait moins que les autres, et c'était bizarre. Les pauvres qu'on voit à la télé sont ceux qui acceptent d'y passer pour montrer leur misère parce qu'ils ont renoncé à l'espoir, à la dignité, ou parce qu'ils n'ont même jamais eu l'occasion ou l'idée d'en avoir. Le pauvre médiatisé est édenté, sale, porte un pantalon trop grand comme si ça lui était plus difficile d'en trouver ou d'en acheter à sa taille. Nos parents étaient hyper à cheval sur la tenue et la propreté. Il m'est arrivé une fois à l'adolescence d'avoir la flemme deux jours de suite de prendre ma douche, ma mère m'a traîné par la chemise à la salle de bains. On n'aurait jamais vu notre père en jogging informe. Il a longtemps vécu à la maison en costume cravate. Dans la représentation, le pauvre est aussi mal élevé. Mon père me reprenait quand je posais les coudes sur la table et j'avais intérêt à parler correctement et à dire merci. Je n'ai jamais vu une dame aussi polie que ma mère, qui faisait presque la révérence à la moindre gentillesse, remerciant dix fois. Je lisais beaucoup de livres, Morgane était une petite fille coquette. Nous étions des enfants souriants, joyeux, blonds à peau blanche. Donc nous ne pouvions pas être pauvres. Mais être pauvre, ce n'est pas une panoplie vestimentaire ou comportementale, ni même des chiffres, mais une sensation : faire attention à tout, ne jamais se sentir en sécurité, ne pas savoir quand ça va aller et penser plutôt que ça va craquer. Les pauvres normaux, la majorité, ne veulent pas se montrer. Ils ont honte. Ils ne trouvent pas « super » de passer à la télé. Non, mes parents n'auraient pas accepté qu'on filme leur petit-déjeuner avec les croissants Eco+ sortant du four. Et à l'école, je sentais bien qu'il valait mieux que je me taise.

C'est quand je suis arrivé au collège que j'ai vu que j'étais un prolo et vraiment une merde. À l'école de Sigournais, nous étions trente enfants de familles du village, et pas trois cents arrivant de tout le secteur. Il n'y avait pas une telle diversité de classes sociales. J'ai tout de suite vu que je détonnais, et pas positivement. Je portais des pantalons larges et pas des slims. Je n'avais pas trop intérêt d'ailleurs. Sans être gros, j'avais le physique graisseux des adeptes de la *comfort food*, qui ne font pas de sport, ni aucune activité extra-scolaire. La misère est moins dure dans le Sud mais aussi dans le sucre ! Le soda avait fait son apparition sur la table familiale, typiquement l'achat inutile du pauvre, mais comment se refuser un truc sans marque à cinquante centimes les deux litres qui fait du bien à toute la famille, donnant l'illusion de « l'extra » ? Nous mangions un peu trop de ce que notre mère posait sur la table. Elle cuisinait bien mais riche, pas la farandole de légumes, au prix où ils sont.

Je n'avais pas le sac à dos Eastpack, mais le « néo-marque » du Foire-à-tout du coin. Pareil pour mes baskets qui ne provoquaient pas un attroupement avec des « trop coooool ». Je n'avais rien à raconter pour compenser, ni vacances ni fêtes de famille. J'étais harcelé, au sens où j'étais le mec défavorablement connu. Mes trois copains de classe étaient des gars un peu simples dans mon genre. Je n'étais jamais invité aux supers événements. Côté filles, dont le regard commençait à m'intéresser, c'était un drame. Pas beau, pas musclé, pas bronzé, mal fringué, j'ai évidemment tenté de ruser. Je me suis défoncé pour dessiner un logo Nike sur mon sac au Tipp-Ex. Pas mal sur le coup. Mais tout le monde s'en est aperçu. Ils ont gratté. J'ai eu l'air d'un con. J'ai aussi dessiné un damier noir et blanc sur un tee-shirt blanc, la mode étant au look « tectonique ». Mais ça n'a pas marché davantage. Quand je portais un tee-shirt un peu stylé qu'avait trouvé ma mère dans une caisse à soldes, il y avait toujours un gars pour regarder la marque. Aucune. Je lisais la déception dans les regards… quand ce n'était pas le mépris. Ma mère rapportait parfois fièrement de chez Emmaüs ou du Secours catholique un sweat Abercrombie & Fitch. Mais je savais, moi, d'où il venait. Je restais « le mec pas pareil ». Ma mère me disait :

– Mais qu'est-ce que ça peut faire, Roman ? Ils n'en savent rien.

C'est devenu plus tout à fait vrai. Quand mes copains me demandaient ce que faisaient mes parents, question qui vous poursuit toute votre vie, je répondais :

– Mon père est chef d'entreprise et ma mère dans la logistique.

Je ne mentais pas, je transformais. Je ne reniais pas mes parents, je les rendais présentables. Sauf que dans ce collège il y avait des enfants très catholiques dont la mère donnait aux bonnes œuvres. Un jour, l'un des copains est venu me voir :

– Dis donc, c'est vrai ce que dit Machin ? Ta mère, elle va aux Restos du cœur ? C'est sa mère qui lui a dit…

J'ai haussé les épaules :

– Évidemment que non !

– Bah oui, on a eu peur !

… Pas autant que moi !

Notre mère a toujours eu la classe de nous déposer à quelques centaines de mètres du collège pour que personne ne voie dans quelle poubelle on se déplaçait. Quelques années plus tard, Morgane se montrerait beaucoup plus forte que moi. Notre mère, femme de ménage dans son lycée, lui a dit avant la rentrée :

– Si tu me vois, tu fais comme si tu ne me connaissais pas parce que ça va te gêner.

– Non mais ça va pas ! T'es ma mère ! a protesté Morgane.

Et le deuxième jour, quand elle a vu notre mère, elle est allée la voir en entraînant ses copines pour la leur présenter. Ma mère est devenue une petite star, la maman de Morgane était incarnée en autre chose qu'une femme de ménage ou un concept, même si elle nettoyait les chiottes. Je n'en étais pas là, j'étais l'aîné, j'essuyais les plâtres et j'apprenais ce que j'allais leur enseigner, à mes petites sœurs. Chez les précaires, il faut déclencher l'audace, encourager à ne pas avoir honte. À l'adolescence, quand on est premier de cordée, c'est pas évident.

Puisque le nerf de la guerre, c'était l'argent, j'ai décidé de commencer à en gagner, en sixième. Contrairement à mes copains, je n'avais pas les cartes Yu-gi-oh ou les Pokémon, alors j'ai lancé des parties payantes à un euro, en me disant « Si je suis le meilleur, je vais gagner de l'argent, et je garderai quelques cartes ». Je ne perdais pas, parce que je n'en avais pas les moyens. Je suis devenu Roman la débrouille, le petit gosse sympa qui propose de laver les voitures dans le quartier, garder les chats en cas d'absence, passer la tondeuse. Les voisins voyant le petit blond bien poli faire son offre trouvaient que c'était « bien mignon ». Et hop ! Quelques euros. Sans compter l'aide aux devoirs, encore modeste vu mon âge mais on pouvait gratter quelques euros aussi. J'ai compris que je devais être premier de la classe pour devenir au plus vite le mec à qui on demande des cours particuliers. Ça rapporterait autant que les boulots de ma mère à l'heure ! Je réussissais en sixième-cinquième à gagner quinze à vingt euros par mois. L'un des premiers trucs que je me suis offert ? Le coiffeur !

Je vivais dissocié. Il y avait Roman le petit garçon qui joue, et Roman « le méta », qui calcule, qui regarde l'heure, qui se dit « Faut aller aider maman », et plante ses copains sur place. J'ai eu du mal à vraiment m'amuser, alors que j'arrivais très bien à faire rigoler Morgane ! Après une unique leçon d'équitation payée par notre mère, je suis devenu son cheval d'entraînement gratuit, c'est-à-dire que je devais galoper à quatre pattes avec elle sur le dos... Elle était increvable, je finissais éreinté. À côté de ces pitreries pour ma sœur, je me sentais un devoir de vigilance parce que les comportements irresponsables de notre père m'apparaissaient de plus en plus. Je me souviens d'une journée rare d'insouciance à la plage, toute proche de chez nous, où je faisais du *body-board* avec une planche à dix euros, largement suffisante vu que je ne comptais pas faire carrière. Mon père m'a annoncé avec des airs mystérieux :

– Bouge pas. Je reviens...

Une demi-heure après, il est revenu avec une planche de compétition à trois cents euros... Ça ne m'a évidemment fait aucun plaisir. Ça m'a fait peur. C'était complètement hors de propos. On a mis des mois à éponger le trou. Notre mère a hurlé qu'il était fou en le découvrant. Mais au diable l'avarice, répliquait-il, quand ce n'était pas :

– Calme-toi, arrête d'être nerveuse !

Lui-même prenait du Témesta pour ne pas voir son intolérable face de pauvre ! Je découvrais que les adultes pouvaient être capables d'aveuglement. Notre mère tentait de lui ouvrir les yeux :

– Mais tu te rends pas compte, Patrick, qu'on est dans une situation alarmante ?

Non. Parce qu'il s'y refusait de toutes ses forces.

Une dépense con tombait régulièrement sur le relevé de compte, je la voyais apparaître maintenant que je veillais. Je savais que notre mère engueulerait notre père, qui l'envoyait paître, un éternel recommencement. Le banquier appelait tout aussi régulièrement :

– On est que le dix du mois, et vous êtes déjà à découvert, là, madame Malo…

– Ça va s'arranger, répondait notre mère.

Et pour que tout s'arrange, quoi de mieux que regarder vers l'avenir…

C'est l'été entre ma sixième et ma cinquième qu'une surprise nous est tombée sur la tête. Je rentrais du collège, Morgane de l'école, quand notre mère nous a annoncés tout sourire :

– Vous allez avoir un petit frère ou une petite sœur !

Morgane était enchantée, sans nuance. De son côté, la vie était belle. Ma mère la choyait, je l'amusais, elle menait sa vie de joyeuse petite fille, moins consciente des manques et pas du tout du danger. Je lui achetais maintenant des cadeaux d'anniversaire à au moins cinq euros sur mes propres « revenus », avec un budget prévisionnel parce qu'elle est de janvier, raide après Noël. À six-sept ans, elle répétait déjà son show d'influenceuse make-up, ce que j'avais surpris un jour en entrant dans sa chambre. Avec le maquillage à cinquante centimes acheté par notre mère chez Mille Stocks, elle se filmait :

– Salut, les filles ! Alors aujourd'hui, tuto make up spécial paupières, mais je vais commencer par un room-tour…

Et en fait de « room-tour », elle filmait sa chambre misérable au fond de la Vendée en prenant des postures de star hollywoodienne… Pour elle, le rêve était atteignable, et si notre mère lui ramenait un miroir à un euro, elle était audelà ! Elle nous montrait fièrement ses démos, à Maman et moi, laissant notre père indifférent. Elle avait plein de copines, une scolarité sans histoire, et l'idée d'un deuxième exemplaire de cette mignonnerie en jupette était évidemment archi tentant. Mais derrière, j'ai calculé…

Notre père avait cinquante-cinq ans, notre mère presque quarante. Ce n'est ni l'âge du plein-emploi, ni celui où une carrière décolle, surtout au fond de la campagne. Notre mère ne pouvait guère en faire plus entre les gens du voyage, les ménages, la cantine, toutes les tâches qu'elle trouvait. Elle faisait un super plein-temps sans pauses déjeuner, ni weekends. Notre père travaillotait depuis cinq ans et de plus en plus rarement puisqu'aucun employeur ne voulait le payer à hauteur de son génie. Morgane et moi étions loin d'être tirés d'affaire et on n'avait déjà pas de quoi bouffer, alors une cinquième bouche à nourrir ? Dans un petit coin de ma tête, je me demandais : pourquoi avoir un enfant maintenant ? La grossesse n'était pas davantage planifiée que le restant de leur existence. Mais notre mère était visiblement heureuse. Alors je me suis aligné sur son optimisme : peut-être qu'un troisième enfant lui donnerait de la force ?

Quand notre petite sœur est née le 28 août 2008, Morgane entrait en CE1, moi en cinquième et on a fêté ça avec l'idée que ce ne serait pas pire, au point où nous en étions. Elle a été prénommée Yonah, qui veut dire « colombe » en hébreu, ils aimaient bien. Yonah était un gentil bébé, sucre tout doux et tout rose qui dormait bien, mangeait bien, malgré des petits soucis de santé ORL. Notre mère était gaga, et notre père pareil, c'est ce qui me paraissait fou : à sa façon, il nous aimait, mais ne faisait rien pour que nous soyons heureux !

Si la situation a bel et bien empiré, Yonah n'a rien eu à voir là-dedans.

La pêche, où j'aimais tellement accompagner notre père la première année, est devenue un problème familial avec le temps. Notre père ne gâchait jamais tout au début, j'allais m'habituer à son processus autodestructeur. C'est au fil des mois, comme pris dans un engrenage qu'il se sentait pousser des ailes et pétait les plombs, hors de la réalité. Il a donc commencé par vouloir du bon matériel pour améliorer sa technique. Mais le matériel de pêche haut de gamme, en carbone, acheté dans un magasin spécialisé de Chantonnay, coûtait cher. L'exigence a été exponentielle. De bon, il est passé à meilleur, puis à hyper haut de gamme. Il allait faire son shopping sans prévenir personne évidemment. Notre mère le découvrait furieuse, le lui reprochait, et il essayait de gueuler plus fort ou de calmer le jeu. Un jour de très grosse dépense, il a éteint l'incendie avec une idée « de génie ». Comme il était devenu très performant aux étangs de Pescalis, un parc à poissons proche de chez nous, il allait vendre ses brochets et sandres aux voisins ! Donc gagner de l'argent ! Pourquoi pas ? Un gros sandre pouvait se vendre cinquante euros.

Moi aussi, j'ai marché, comme notre mère, moi aussi j'ai espéré. Il a réussi quelques fois, rendant notre mère fière et confiante, tellement désireuse d'avoir de bonnes raisons d'aimer son homme. Mais là encore, il est monté d'un cran, me mettant dans la combine :

– Que dirais-tu de faire des road-trips avec moi en Bretagne pour aller pêcher ?

C'était tentant pour moi, qui travaillais à l'école la journée et m'étais mis le soir à donner des coups de main ou à aider aux devoirs chez l'un ou chez l'autre. Je n'avais pas de loisirs, pas beaucoup de sorties. J'avais bien servi toute une année comme enfant de chœur à l'église, rien que pour avoir droit au voyage en Auvergne offert en récompense l'été, mais manque de chance j'étais tombé malade juste avant le départ. J'étais donc partant pour ce « road-trip », tout en m'inquiétant du coût. Notre mère n'était pas contre, voyant d'un bon œil que son mari remplisse son rôle de père, et normalement nous partions gagner de l'argent… Elle attendait de voir… Malheureusement, on a vu !

Mon père et moi sommes allés quelques fois jusqu'à Redon, en Ille-et-Vilaine, à deux heures de route. J'en garde le bon souvenir de moments à ne rien faire, près d'un père qui vous explique la nature, la vie, la mort, l'idée d'infini… Mais j'ai vite relativisé ses leçons d'éveil et de philosophie en pensant à l'essence, aux petits Airbnb, aux repas sur la route. Quand on revenait, je calculais… Je regardais les chiffres défiler sur le cadran de la pompe à essence, fermant les yeux au bord de la syncope… La vente de poisson ne compensait pas du tout le coût du séjour ! Quand j'ai proposé de participer aux frais, notre père n'a pas semblé contre et c'est notre mère qui l'a arrêté :

– Non mais ça va pas la tête ! Patrick, enfin !

– Oui, non… bien sûr que non, a soufflé mon père.

Quand il voulait qu'on mange un morceau quelque part, je lui demandais :

– Mais elle est d'accord, Maman ?

De moins en moins. Elle avait été contente qu'il fasse des choses avec moi puisqu'il ne faisait jamais rien avec elle, qu'il puisse être un père à défaut d'un mari, mais hélas, sa passion avait pris le dessus sur son rôle éducatif. Entre eux, la tension est montée autour de la pêche. Mais notre père avait plus d'un tour dans son sac et il a éteint le second incendie en trouvant le moyen de vendre ses services d'informaticien au patron de la boutique de pêche :

– Comment ? Vous n'avez pas de site internet ?

Il a décroché un contrat de trois mille euros ! Il était tellement gonflé qu'il aurait vendu du sable à des Sahariens. Il a pavané. J'ai vu notre mère aux anges, encore. J'en ai bouffé mes vingt euros de steak tartare sans sourciller quand notre mère a touché sa paie, jour où l'on avait droit chacun à notre plat préféré. Morgane, c'était les bouchées à la reine, Yonah l'assiette mexicaine avec chips à tremper dans le guacamole. Habituellement, j'enfournais irrésistiblement ma viande hachée tout en voyant les chiffres défiler comme sur le cadran de la pompe à essence. Avec le vrai travail de notre père, on allait pouvoir respirer…

Malheureusement, dans les semaines qui ont suivi, notre père a acheté l'équivalent de trois mille euros de matériel de pêche à la mouche… Il a pris cinq cannes du meilleur standing, des nouveaux gilets, des fils de soie et un atelier pour fabriquer des « mouches », leurres à base de plume naturelle et duvet… Il est rentré tout fier, pas coupable du tout. Notre mère a pété un câble, blême de stupeur :

– Mais qu'est-ce que t'as fait, Patrick ?!

– T'inquiète, Natacha, je les utilise un peu et je les revends.

Mais du coup, pourquoi les acheter ? Qui achète du matériel de luxe d'occasion ? Il en a revendu une. Je ne crois pas que notre père soit devenu fou, ait développé une maladie psy ou soit devenu dépressif. Il n'était pas non plus mégalo, il n'a jamais flambé en partant sur la Riviera. Je crois juste qu'il voulait régner sur notre mère, l'éblouir, que ses écarts donnent l'apparence de coups d'éclat, la persuader qu'il était irremplaçable et qu'elle aurait une pauvre vie sans lui, mari et père flamboyant. Je l'ai rarement vu offrir à notre mère un cadeau, mais je me souviens d'une bague avec une pierre en citrine. J'ai été heureux pour elle cinq minutes, le temps de voir qu'il avait fait la dépense avec le compte commun qu'elle alimentait à peu près seule. Il faisait avec ce qu'il était, un homme rigide, nul pour analyser une situation et s'y adapter, à savoir que ne faisant pas rentrer d'argent, il ne fallait pas qu'il le dépense. J'ai rencontré ça plus tard chez des ingénieurs dont le cerveau fuse, mais qui sont incapables de la moindre analyse ou introspection. Ils résolvent un problème pointu cosmique, mais sont incapables de dénouer ce qui se passe en eux. Ils font des déductions complexes, mais se montrent inaptes à voir que les mêmes actes entraînent les mêmes conséquences. Notre père aurait fait un excellent mécanicien du corps. Il rêvait d'ailleurs que je sois médecin. Il aurait détesté que je fasse psycho… forcément.

À douze ans, j'ai compris que j'avais pris un ticket pour les montagnes russes. Soit je me crispais et je me faisais mal, soit j'apprenais à aimer la peur et les sensations. Je me suis dit : « Quand on en sort un peu, prépare-toi à plonger un peu plus profondément », un peu comme notre mère qui essayait de sortir la tête de l'eau et à qui il attachait une enclume aux pieds. J'ai décidé : « Moi je pleure pas. » Notre mère ne pleurait jamais, sinon d'émotion devant *La Ligne verte*, avec Tom Hanks. Jamais devant nous. C'est elle qui m'a appris à me responsabiliser. Quand j'étais emmerdé par des copains de classe, elle me disait : « Faut te prendre en main, Roman ! Apprendre à être solide ! » Le développement personnel, j'ai commencé tout petit. Les adultes me disaient souvent : « Qu'est-ce que t'es mature, pour ton âge ! » Mais c'était la maturité ou crever. J'aurais aimé, moi, ne pas devoir quitter le monde des enfants, ne pas être précipité si tôt dans le monde des adultes, que tout soit léger. Mais je ne pouvais pas. Ni pour moi, ni pour mes sœurs, ni pour ma mère si je pouvais l'aider. Je n'ai pas eu le choix. Si on me proposait de recommencer ma vie, je dirais oui, parce que c'est un beau cadeau, mais c'est aussi un très gros fardeau et je ne sais pas si j'aurais la force de le refaire. Je n'en suis pas sûr.

Chapitre 4

J'ai aimé grandir parce que je n'étais plus spectateur de ma vie mais acteur, capable d'en influencer le cours. À treize-quatorze ans, j'ai commencé à lire tout ce qui me tombait sous la main pour en faire des armes : Socrate, Platon, Aristote, Kant, Descartes, Camus, et même Freud qui parlait de cul mais finalement moins que prévu. Je ne comprenais évidemment pas tout, mais il en restait quelque chose. J'ai retenu des stoïciens qu'il y a deux types de choses, celles sur lesquelles on peut agir et celles contre lesquelles on ne peut rien. Je ne pouvais rien contre la dégringolade sociale, mais je pouvais gagner quelques euros pour améliorer le quotidien. Je ne pouvais rien contre le présent, mais je pouvais quelque chose pour mon avenir. J'ai compris que le travail et la volonté pouvaient me faire espérer un autre quotidien. Je me suis promis que je ne me laisserais jamais rouler dessus. Je n'aurais pas la vie de mes parents. Je me serais flingué.

Je ne cherchais plus à être bon élève, mais « le » meilleur, et ce n'était pas seulement pour faire plaisir à mes parents.

Ils avaient toujours été exigeants, me demandant lorsque j'avais eu 15 pourquoi je n'avais pas eu 18. Mon père, c'était pour servir son ego, une revalorisation narcissique. Ma mère, elle, répétait : « Je te fais confiance, Roman, travaille pour toi, pas pour nous. » Elle croyait à la méritocratie, à l'école, à la République, à la France : « L'ascenseur social est peut-être en panne mais pour toi, c'est ça ou rien ! ». Je portais ses espoirs : moi, au moins, je m'en sortirais, elle en était sûre ! Elle n'imaginait pas qu'en faisant mes devoirs, c'est aux autres que je pensais, me demandant en écoutant Yonah jouer : « Comment *on* va l'élever, cette petite ! » Sans parler de Morgane ! Mon vrai défi, c'était de ne pas me laisser déconcentrer par l'angoisse, du présent comme de l'avenir. Heureusement, j'avais des maîtres qui disaient grosso modo, « chaque chose en son temps ».

Mon objectif du collège, c'était de décrocher la « bourse au mérite » adjugée à la fin de la troisième aux mentions très bien. Mille euros offerts chaque année de lycée ! J'ai vite converti la somme : un an de cantine ! En attendant, je tondais les pelouses des personnes âgées, je travaillais l'été dans l'écimage de maïs, qui consiste à enlever les fleurs mâles des plants, je donnais des cours aux sixièmes ou cinquièmes, capable d'avaler leur programme en trois heures pour pouvoir l'enseigner, j'ai même appris à lire à un enfant de CP ! Je vendais aussi mes devoirs aux cancres. Un devoir de maths à la maison fait de A à Z se négociait bien une dizaine d'euros. Je choisissais où mettre les fautes, que le cancre n'ait pas 20 du jour au lendemain, pour ne pas faire trop louche. Ça ne me ramenait pas des amis pour autant.

Avec Jason et Arnaud, ce n'était plus pareil. Nos deux ans d'écart se sont faits sentir à l'adolescence, passé l'âge des balades à vélo en mettant des bouts de carton dans les rayons des roues pour pédaler dans un bruit de mobylette, ou de jouer au catch. On s'était pris de passion pour les matchs à la télé sans imaginer que c'était du faux. Nous nous battions donc pour de vrai, en nous demandant comment ils pouvaient s'en mettre d'aussi grosses sans en mourir. C'est le lit de mes parents transformé en ring qui l'a payé de quatre lattes. Quand notre père alerté par le bruit a déboulé, les copains sont partis ventre à terre sans demander leur reste. L'engueulade, ils l'entendraient de chez eux. Moi, j'en étais malade, parce que c'était une bêtise, mais aussi parce que chez nous, on n'allait pas racheter un lit le lendemain. Jason et Arnaud s'étaient donc éloignés et je ne me rapprochais pas des ados du collège. Ce n'était pas faute d'essayer, mais plus on « vieillissait », plus le succès marchait au look.

Ce qui compte à l'adolescence, ce n'est pas ce qu'on est, mais ce qu'on paraît. Mon vestiaire, c'était trois pulls-trois pantalons. Je fréquentais les blogs de mode pour savoir comment m'habiller, mais le résultat était minable. Mon Gucci, c'était Kiabi… quand je pouvais m'y payer un tee-shirt neuf pas trop mal à vingt balles ! Parfois, Livine, ma marraine, m'envoyait un peu d'argent que je mettais de côté, des fois qu'on n'ait plus rien à bouffer un jour. Quand elle me demandait ce que je voulais, je répondais « des vêtements ». C'est comme ça que j'ai pu arborer un sac Nike et un sweat Gap. Elle m'a franchement aidé à tenir le coup moralement durant toute cette période, sans le savoir. Je ne lui disais rien de ce qui se passait à la maison, par pudeur, par honte, pour ne pas lui faire de peine. Trois ou quatre fois, je suis allé chez elle en Belgique après mes treize ans, autant de soupapes qui m'aidaient à tenir le coup. Dans la finance internationale, grande voyageuse, elle vivait très bien, avait mille choses à raconter, m'emmenait au restau et au ciné. J'allais chez elle avec mon meilleur pull et mes meilleures chaussures. J'avais appris à être illisible, pas devinable, capable de faire illusion deux jours. Je passais pour issu de la classe moyenne, pas « hyper dans la merde ». Elle m'envoyait régulièrement des tasses Starbucks ou des tee-shirts Hard Rock Café des quatre coins du monde, Californie ou Singapour, à me faire une vraie collection dont j'étais fier, et aussi plein d'espoir : un ailleurs existait... Moi qui ne racontais rien de ma vie à l'école, Livine me permettait de « faire genre » cinq minutes. Mais avec mon look pathétique car pas l'argent, mon physique de non-sportif car pas l'argent, mon non-talent de musicien car pas l'argent, je galérais épouvantablement. Tout, toujours, ramenait à l'argent, et c'était pire encore auprès des filles.

En cinquième, j'avais réussi sur un malentendu à sortir brièvement avec une élève assez populaire du collège. Elle était copine avec l'un de mes rares copains, un Hollandais qui parlait au Belge en vertu de la proximité géographique. Ce flirt m'avait donné un peu de *level-up*, parce que du coup les autres avaient vu que j'existais. Mais passé ce bref épisode de chance, draguer, je n'en avais pas les moyens. Je n'allais pas parler écimage de maïs pour séduire, ni stoïciens, encore moins raconter que nos loisirs, avec Morgane, c'était d'aller aider notre mère sur le parking du supermarché pour récolter de l'argent ou des produits au profit des Restos du cœur ou du Secours populaire. Cette sortie nous servait même de couverture : nous étions là « par solidarité avec les autres », ce qui prouvait que nous n'étions pas pauvres. Notre mère elle-même s'était mise à le croire. Elle disait toujours « Oh les pauvres ! » en évoquant des inconnus en détresse. Elle aurait recueilli des gens comme nous ! Elle s'épanouissait pleinement auprès des gens du voyage qu'elle côtoyait en gérant le terrain, leur donnant même bénévolement des cours d'alphabétisation parce que « les pauvres »... Elle aura tout fait, même s'occuper des chats en péril des Griffes de l'Espoir. Nous en avons adopté trois, les chiens étant restés à Vendrennes. Comme on n'avait pas les moyens de stériliser les chattes, elles nous faisaient des portées de chatons dont nous ne savions jamais quoi faire, une prolifération bien connue chez les précaires. Voilà comment j'aurais pu draguer : un baiser donné = un chaton offert. Ce qui me tuait, c'est que j'avais des copains pas incroyables physiquement qui réussissaient à sortir avec des filles. Pourtant, je m'appliquais. Il y avait là un mystère...

C'est en quatrième que j'ai fait la rencontre capitale d'Andréa, à qui j'ai commencé à me confier, sans ambiguïté aucune. Je me plaignais de mes déboires quand elle m'a tendu la main, main tendue en forme de poing dans la gueule puisqu'elle m'a parlé *cash* :

– Tu sais, Roman, si tu galères avec les filles, c'est pas à cause de ton cerveau ou de ce que tu racontes. C'est que physiquement, ça va pas du tout. Faut que tu perdes du poids, que t'arrêtes de t'habiller dégueulasse, c'est pas possible…

Sur le coup, ça m'a détruit.

Elle n'imaginait pas les efforts que je faisais pour remonter la pente. Aujourd'hui, je lui voue une reconnaissance éternelle parce que j'ai travaillé mon apparence sur de nouvelles bases.

J'ai abandonné ma coupe de cheveux de naze. J'avais une peau moche et pas les moyens de me tartiner de crème tous les matins, mais avec mon argent de poche, je me suis acheté de l'eau précieuse. Je me suis un peu moins bâfré des plats de ma mère. J'ai fait quelques tentatives de jogging, vite abandonnées parce qu'on ne peut pas tout faire du jour au lendemain. Et j'ai ausculté les blogs de mode quasi quotidiennement, Bonnegueule.fr et Essentialman.com ou des trucs comme ça. Je reproduisais très exactement ce que je voyais et retenais les principes de base. À défaut d'avoir les trucs siglés, j'ai appris par exemple qu'il y avait les bonnes et les mauvaises associations de couleurs, celles qui font toujours chic ensemble, noir et blanc, gris et blanc, bleu marine et camel, surtout pas bleu marine avec du noir, une vraie faute de goût. Je me suis mis à préférer les pantalons chino aux jeans, les polos aux tee-shirts, les chemises aux sweats pourris. Je ne détestais pas le pull ras du cou façon premier de la classe, parce que ça faisait fils de bourgeois. Et pour une question de crédibilité, je devais harmoniser le tout en ne portant pas un sweat siglé, si ma mère en pêchait un, avec des chaussures Franprix. J'ai su aussi que les chaussures et la montre étaient deux marqueurs sociaux. L'une des premières belles choses que je me sois payée, c'est une belle montre, pas hors de prix mais pas en plastique.

Je me souviens de l'arrivée de deux pièces phares de mon vestiaire. Il y a eu l'achat de mes premières baskets de marque en troisième, pour lesquelles j'ai exceptionnellement tanné mes parents. Ma mère a appelé mon père du magasin. Je suppliais, c'était vital, et c'était mon anniversaire. Une paire d'Adidas, marron, taille 41. 52 euros en soldes à l'Intersport des Herbiers. J'ai obtenu gain de cause. Un événement inoubliable. Je les ai portées au-delà de leur usure maximale. J'ai aussi acheté un polo Hugo Boss et deux polos Ralph Lauren de contrefaçon sur internet via le copain d'un copain d'un copain. Ils étaient moches, mais cette fois, les « copains » pouvaient gratter le grand cheval tatoué dessus, c'était du solide, de l'authentique faux. J'ai marqué un point. Comme j'avais grandi et beaucoup lu, je me souviens avoir été content et atterré à la fois. Je les ai regardés en les méprisant intérieurement, pensant :

– Vous êtes vraiment des cons. C'est quand même qu'un putain de bout de textile !

Je réalisais que les marques étaient le vol du siècle, une dérive du consommateur esclave plus que de la marque qui ne gagne de l'argent que sur ceux qu'elle a asservis. J'avais décrypté les grandes lignes de la société de consommation. J'avais envie de hurler : « Si un truc manque à ta vie, achète pas un sweat, mec ! » J'apprenais à me remplir en lisant Marc Aurèle, tout en comprenant que sans la tenue de camouflage, j'étais foutu. C'était vrai à l'adolescence, et ça le resterait au-delà. J'étais impeccable, tout était propre et bien repassé, toujours. Mon but, c'était de tellement en imposer par mon apparence qu'il ne viendrait à personne l'idée d'en interroger l'origine.

Mon adolescence ressemblait à un planning de P-DG : travailler mon avenir, mon raisonnement, mon look, gagner de l'argent à droite à gauche. Quand j'ai découvert les jeux vidéo, j'ai mis la main sur « ma » détente, enfin ! Une oasis. Je m'accordais mon samedi soir devant World of Warcraft sur le portable de seconde main que notre père avait acheté sur un coup de tête, en plus du PC fixe, occasion d'une crise de plus. Je surfais beaucoup sur internet à la découverte du monde, sur Facebook où je voyais la super vie des autres. Le jeu m'offrait un moment d'amnésie à portée de clavier. J'étais loin d'imaginer la place que prendrait WOW, pour les intimes, dans ma vie, et hélas, pas que dans la mienne…

World of Warcraft est un jeu multijoueur international, où le joueur se glisse dans la peau d'une créature virtuelle de son choix. Le but est de monter en niveau pour obtenir le plus d'objets, d'armures ou de récompenses, virtuelles bien sûr, pour battre les autres en obtenant la meilleure cote. Au départ, c'était ludique. L'espace de quelques heures, je devenais quelqu'un d'autre sous le pseudo de Heaven. « Paradis », ça m'allait trop bien… C'était mon seul plaisir non intellectuel, dans un monde où j'étais un invisible dans le bon sens, comme les autres, et rapidement, meilleur joueur que les autres. Je l'avais, ma tenue de camouflage idéale ! On finissait par se connaître entre joueurs du monde entier, et Heaven était le mec « favorablement connu », enfin ! Selon les psys, le jeu vidéo est une aide narcissique pour se construire : je confirme. Mais la réalité s'est chargée de me sortir du rêve par la voix de ma mère parce que l'abonnement à WOW coûtait quinze euros par mois. J'avais demandé un mois, puis le suivant, puis un autre, et elle avait craqué :

– Roman, je te préviens, c'est le dernier mois !

C'est comme ça que m'est venue l'idée de financer le jeu par le jeu.

Car les joueurs mauvais avaient la possibilité d'acheter, avec de l'argent véritable, les trésors qu'avaient engrangé les meilleurs. C'était la méthode Pokemon ! Mon idée de base était de rembourser mon abonnement, mais ça a été plus loin. Après quelques semaines, j'avais engrangé un arsenal prêt à vendre et à récupérer plus de quinze euros. Il fallait bien sûr être majeur et avoir un compte bancaire personnel pour se faire virer l'argent. J'ai dit à ma mère :

– Passe-moi ton RIB, le jeu va te rapporter de l'argent !

Elle a tremblé :

– Non, Roman, c'est une arnaque, voyons…

– Je te jure que non !

C'est comme ça que WOW s'est mis à rapporter de soixante à cent euros par mois.

Ce que je n'avais pas prévu, c'est que notre père finirait par s'y intéresser, à force de m'observer et de voir que je m'amusais bien. De l'argent à gagner le cul sur une chaise, sans se salir ni se fatiguer, avec de l'informatique, c'était au fond sa formation de base… Au début, c'était sympa, on jouait tous les deux, comme lors de nos parties de pêche. Mais comme on se doute, ça n'allait pas le rester. Parce que lui, il était mauvais…

Le jeu était pour moi une récréation, qui ne m'empêchait pas de voir la réalité en face, c'est-à-dire de m'angoisser. Mais sans conscience, il n'y a pas de salut, et c'est l'angoisse qui m'a aidé à saisir les mains tendues, sans a priori et sans ego. C'est comme ça que j'ai accepté le « plan canards », et ça, c'était un vrai bon plan. J'ai commencé à quatorze ans et à vingt-deux ans, j'en bénéficiais encore !

C'est un type qui venait de s'installer près de chez nous qui m'a abordé dans la rue :

– Ça te dirait, mon gars, de gagner un peu d'argent chez un éleveur de volailles ?

– Bien sûr ! Mais je suis mineur, alors je ne sais pas…

– C'est pas grave…

– … et je n'y connais rien en canards…

– Pas grave non plus. Tu verras, c'est pas compliqué.

Compliqué, ça ne l'était pas, mais dur, oui. J'étais prévenu des missions la veille ou l'avant-veille par SMS. Il s'agissait, de 23 heures à 3 heures du matin, ou de 3 heures du matin à l'aube, de ramasser les quarante mille volatiles du hangar pour les mettre dans des boîtes de sept à douze selon la taille de la bestiole, avant départ pour l'abattoir. Le travail se déroulait plutôt de nuit parce que ce n'était pas légal-légal de nous payer au black, même si tous les éleveurs le faisaient. Dans la nuit et le froid d'un hangar faiblement éclairé par nos petites lampes pour ne pas effrayer les animaux davantage, nous étions une petite dizaine de soldats de l'ombre, super pauvres ou immigrés, à patauger dans la merde en bottes et jogging fournis par nos soins, avec un masque pour ne pas respirer les plumes, et des gants costauds pour résister aux morsures. Elles volaient, les plumes, et elles hurlaient, les bêtes… On travaillait dans des cris d'épouvante continus. Dindes, chapons, poulets et autres volatiles sentant la mort arriver se débattaient, les oies mordaient, ces bêtes de quatre à sept kilos déployaient une force insoupçonnable. On les empoignait comme on pouvait, on en piétinait quelques-unes au passage, qui agonisaient dans des bruits atroces, beaucoup mouraient asphyxiées. On avait une petite pause en quatre heures. Fallait tenir la cadence. Faire et pas penser. Si l'un ne faisait pas le boulot, traînait ou se plaignait, c'était pas un problème, il était remplacé le lendemain. J'ai vu un gars solide, Mickey, un immigré algérien, qui en voulait tellement qu'il a fini par se payer une maison. Je me disais comme lui : « Il faut accepter de se laisser humilier. Un jour, ça paiera ! » Déjà, c'était payé vingt euros de l'heure, énorme ! Je rentrais crevé. Quand je me couchais après une bonne douche, j'entendais encore les cris des volatiles en m'endormant. Notre mère a insisté pour le faire aussi. Elle l'a fait une fois, elle n'y est jamais retournée. Quant à Morgane, quand elle a été « tentée » de le faire à son tour à ses quatorze ans, je lui ai dit :

– Jamais, Morgane ! Les bêtes agonisent par terre, tu ne supporteras jamais et je ne veux pas que tu voies ça !

Alors après, est-ce que c'était dur, de lire Freud ou de me défoncer pour avoir les meilleures notes de la classe ? Non. L'école, pour moi, c'était le Club Med !

Pendant que je me tuais à la tâche, notre père s'enfonçait. Le jeu vidéo, il s'y est mis avec moi pour qu'on fasse quelque chose ensemble, puis il a continué quand je n'étais pas là. Je le trouvais en train de jouer en rentrant le soir, puis aussi quand je partais le matin. Il vivait de plus en plus arrimé à l'ordinateur, et ce n'était pas pour chercher du boulot, même s'il tentait de le faire croire. Il s'était inventé une autre vie, faisait croire à ses partenaires qu'à la ville, il était chef d'entreprise. Quand il avait une obligation à l'extérieur de la maison, il leur disait :

– Je ne serai pas en ligne demain, je prends un jour de congé.

Notre mère le chambrait du temps où elle ne s'alarmait pas encore trop :

– Tu ne peux pas avoir de congés, Patrick ! T'as pas de travail !

Notre père le prenait assez mal. Surtout s'il était à cran parce qu'il faisait une mauvaise session. Il jouait comme un pied, je pouvais en juger, et il en était blessé.

Comme j'étais devenu très bon, il a commencé à me demander de jouer à sa place. Je trouvais ça nul, puéril, mais je l'ai fait un peu au début, parce que je comprenais que son orgueil était en jeu, qu'il me tannerait, m'en voudrait. Et puis j'ai vu que ça prenait des proportions anormales.

Alors qu'on se mettait à table, il se faisait maintenant attendre. Notre mère tentait de le décrocher de son ordinateur, lui lançant avec humour au début :

– Si le chef d'entreprise veut bien se donner la peine de nous rejoindre…

Je me souviens d'un soir où j'étais de retour d'un voyage scolaire à 19 h 30, avec école le lendemain, sac à préparer, trucs à réviser, et où mon père m'a alpagué sitôt le pied dans la maison :

– Roman, faut que tu viennes m'aider, j'ai mon raid de recrutement.

Il était livide, comme si sa vie était en jeu, mais j'ai répondu :

– Je peux pas, Papa, j'ai des trucs à faire…

– Qu'est-ce qu'il dit ? demandait ma mère, qui n'y comprenait rien.

– C'est hyper important, Roman, tu peux pas me laisser comme ça…, a continué mon père, fébrile à faire peur.

Alors j'ai plié, parce que je sentais qu'il allait péter les plombs, et ma gentille maman a lâché :

– Pas après 22 h 30, hein…

Est-ce qu'il fallait lui dire qu'une session, ça ne s'interrompt pas ? J'ai joué pour lui jusqu'à minuit. Je tentais de le raisonner, bien sûr, de lui dire qu'il était en train de se faire piéger, que le jeu doit être réservé à des moments circonscrits. C'était inutile. WOW était devenu sa vie, la seule qu'il ait.

Parfois, je refusais de l'aider. J'avais mon brevet des collèges à la fin de l'année, du travail, et je tentais de diminuer son temps d'écran, comme si l'ado c'était lui. Mais il est devenu dingue, capable de péter un câble face à l'écran, de me supplier quasiment en larmes, c'était devenu délirant. Il me faisait flipper.

Et puis il a franchi le cap fatidique, en se mettant à acheter des services qui se vendaient hors jeu de façon illégale sur des sites chinois, croyant que ça l'aiderait à gagner, alors que ça ne servait strictement à rien si on ne gagnait pas en jouant. Tout ne s'achète pas, sur WOW ! World of Warcraft était le reflet de sa conduite dans la vraie vie, chercher des chemins de traverse pour ne pas voir qu'il arrivait dans le mur. Tenter de compenser la médiocrité par le matériel, comme il l'avait fait dans le domaine de la pêche. Mais le poisson se fout de la canne à pêche ! Il montait d'autant moins en niveau que le jeu se jouait par équipes, et de la même manière qu'un joueur de 3e division n'est pas appelé par Manchester, il se retrouvait casé avec les plus mauvais. Il a accusé l'équipement informatique, alors il a acheté de quoi améliorer les performances de son ordinateur, pour surfer plus vite, améliorer le graphisme. Il achetait des pièces d'or virtuelles, sans effet sur ses performances. Sauf qu'il les payait avec de l'argent réel ! On vivait comme des mendiants et il achetait des pièces d'or virtuelles !

Notre mère voyait les débits sur le compte. Elle devenait dingue, l'engueulait. Mais il était capable d'inventer des mensonges pas croyables pour légitimer ses dépenses :

– C'est pour Armelle, du monastère !

Armelle, c'était la nonne branchée techno, alors le gros de cette mission était derrière lui. Il pouvait évoquer une nouvelle mission ponctuelle, qui tombait parfois, mais il engrangeait au grand max cinq mille euros par an et dépensait dix mille !

– Arrête de mentir, Patrick, t'es ridicule ! tempêtait notre mère, haussant le ton, avant de le baisser, parce qu'elle était incapable de colère, incapable de péter un câble. Elle pouvait gueuler fort, mais s'arrêtait à temps. Moi, je devenais fou.

Mon père me mettait dans un rôle impossible : jouer pour lui, donc encourager son délire, ou le faire claquer l'argent du caddie, sachant que même si je jouais pour lui, il achèterait quand même des conneries, à hauteur de pas loin de cent euros par mois, ça dépendait des mois. J'ai toujours eu un seul compte-joueur, lui en a eu jusqu'à trois, comme si dans la peau d'un personnage, il pouvait être meilleur que dans un autre !

Il est passé à quinze heures par jour devant WOW. Comme il ne venait plus à table parce qu'interrompre la session en cours lui faisait prendre du retard, ma mère lui a imposé un créneau horaire pour attraper son assiette. Il passait comme un zombie, plus ou moins bien luné, en général très mal. Ses sautes d'humeur se multipliaient, s'amplifiaient.

Notre mère m'interrogeait :

– C'est quand même pas normal… C'est le jeu tu crois, qui lui fait ça ?

– Je sais pas, je soufflais, complètement atterré.

– Parfois, il se lève la nuit, Roman, tu te rends compte ?

Oui, je me rendais compte.

Moi je pensais à mes canards, aux gens du voyage, à la cantine, aux ménages de notre mère, aux petites qui croyaient gentiment que « Papa travaille » parce que c'était mieux pour elles de leur laisser croire. Et lui, il pensait à quoi ? À rien ! C'était même le but du jeu !

Mon père m'a rendu un grand service. Le regarder de l'extérieur m'a dégoûté du jeu. Il me renvoyait en miroir l'image de ce que je ne voulais surtout pas devenir. À la fin de la troisième, j'ai décroché de WOW par paliers, en me forçant, parce que j'étais accro au sens neurobiologique. World of Warcraft était ma carotte : « Ta vie, c'est de la merde. Voilà l'exutoire. » J'ai eu du mal à trouver un équivalent ludique dans le monde réel. Je n'ai pas trouvé, en fait. Je me suis concentré sur tout ce qui me permettrait, avec un peu d'espoir, de ne pas avoir cette vie-là, sans plus perdre une minute à me distraire.

Quand j'ai pris du recul, je m'en suis voulu de tout. Je me suis senti coupable d'avoir embarqué mon père là-dedans, même si en réalité, c'est lui qui m'avait suivi. Et j'ai compris que s'il devenait dingue avec moi, au jeu comme à la pêche, ce n'était ni parce que j'étais maudit, ni un hasard. Ce n'était pas la complicité qu'il cherchait avec moi, mais la rivalité. Il se mesurait à moi. Il fallait qu'il m'épate. Il savait que c'était de moins en moins le cas, que je voyais clair dans son jeu, que mes ambitions étaient aux antipodes. Je m'en suis voulu d'avoir perdu mon propre temps aussi. Mais je pense que si je n'avais pas joué à quatorze ans, je serais devenu fou. Le jeu m'a rendu bon en anglais faute de séjour linguistique à l'étranger, capable de manager un groupe, de constater que l'effort paie. En parallèle du jeu, j'avais gardé la tête sur les épaules, ma scolarité, le travail, une vie, je ne m'étais jamais laissé engloutir. J'ai fini par me pardonner.

Je me suis cherché des modèles d'hommes forts, debout, solides, lutteurs, loin de mon père, pour leur ressembler un jour. J'observais ceux qui parlaient bien à la télé ou sur internet, habillés en costume-cravate, chez qui le déclaratif n'était pas du pipeau comme chez « le chef d'entreprise », comme j'appelais mon père de moins en moins gentiment. Je ne manquais pas un débat politique, je trouvais les psys convaincants, les historiens passionnants. Je voulais devenir l'un d'eux. Et plus je les « fréquentais », plus mon père me paraissait pathétique.

Quand je rentrais des cours, j'allais affronter devant son ordinateur le « chef d'entreprise » qui vivait maintenant en pyjama, lui qui avait longtemps voulu sauver les apparences. Je l'engueulais :

– Mais qu'est-ce que tu fous ? Tu fais pas le ménage, tu cherches pas de travail, t'as cinquante-huit balais et t'es devant ton jeu comme un clodo ?! Mais on s'en sortira jamais ! Jamais !

– Calme-toi, il me disait, quand il n'explosait pas à son tour.

Mais je ne pouvais pas me calmer, alors que je voyais notre mère trimer dehors et encaisser dedans, vivre en couple mais seule. Je l'ai vue changer, faire moins attention à elle. Elle a commencé à s'épaissir un peu, à force d'avaler nerveusement le paquet de gâteaux devant la télé pour étouffer son angoisse. Je me moquais un peu d'elle, mais pas longtemps parce que c'était son seul plaisir. De six heures du matin à vingt-trois heures, elle était debout, n'arrêtant jamais, ne lâchant rien, sur aucun front. Avec moi, elle était attentionnée, admirative. Mes sœurs pouvaient faire des soirées-pyjama, leurs copines seraient toujours accueillies avec un gâteau, un super repas et sa joie contagieuse. Elle dormait mal, mais ne se plaignait jamais d'être fatiguée. Pourtant, au fur et à mesure que notre père coulait, je l'ai vue changer.

Je lui trouvais les traits tirés, je lui surprenais parfois une mine soucieuse, penchée au-dessus de sa casserole, aussitôt transformée en sourire incroyable quand elle voyait que je l'espionnais :

– Ça va, mon petit homme ?

Elle ne croyait pas si bien dire. C'était ça, qui se passait. L'homme de la maison, c'était devenu moi.

Une lente passation de pouvoir a eu lieu, notre père s'effaçant en même temps que je m'affirmais, grandissais, mincissais, bossant sur tous les fronts, offrant à ma mère le soutien d'un fils mais aussi l'attention d'un mari, jusqu'aux fleurs de Auchan que je lui offrais. C'était typiquement le genre de geste qui lui donnait les larmes aux yeux quand je lui en dégainais par surprise après son passage en caisse. La première fois que je l'ai fait, ce qu'elle m'a dit m'a marqué :

– Mais enfin mon grand ! C'est la première fois qu'on m'offre des fleurs !

Oui… Notre mère menait une vie conjugale et familiale héroïque et c'était la première fois qu'on lui offrait des fleurs. C'était effectivement à chialer… Pour moi aussi.

À quinze ans, je n'avais plus aucun doute sur le fait que notre père était défaillant et notre mère une héroïne qui jouait à la fois le rôle paternel en donnant l'exemple d'une discipline de vie et maternel pour la tendresse. À son tour, notre mère a commencé à s'apercevoir que son mari était défaillant, mais cette prise de conscience s'est faite dans la douleur, car elle s'en défendait.

Depuis des années, elle savait qu'elle ne pouvait pas compter sur lui, mais elle avait décidé de faire avec, ou plutôt elle avait fermé les yeux. Quand on est bien crevé, on n'a pas le temps de penser. Avec le jeu vidéo, son mari était devenu un poids et c'était devenu difficile de faire l'autruche face au bilan chiffré sur le relevé de compte. Sa présence physique ne compensait même plus, ni à table ni pendant les sorties. Plus notre père baissait dans son estime, plus elle m'investissait moi : « Je compte sur toi, Roman… » Pour tout. Avoir des bonnes notes, m'en sortir, la soutenir, veiller sur mes sœurs, l'aider, l'écouter. Alors que j'ignorais que j'allais devenir psy, ma mère était ma première patiente. Notre divan, c'était le salon où l'on vivait maintenant avec mes sœurs mais plus vraiment avec notre père. Il ne participait plus à rien, jamais. Depuis son monde, il nous lançait quand on se mettait à table :

– Ce soir, je peux pas venir dîner, j'ai un donjon à finir…

Avec ma mère, on se regardait effondrés, avant que je ne la fasse marrer, mais elle me donnait envie de pleurer, ou de hurler pour qu'elle se révolte… Elle commençait à me confier doucement que c'était dur, qu'elle en avait marre, que ça ne pouvait plus durer… À quoi je répondais, parce que je n'étais pas psy, que non, ça ne pouvait pas durer, que c'était un gros naze qui nous plombait la vie. Mais si je voyais que ça lui faisait trop de peine, je me taisais aussi vite. Il la faisait souffrir, et c'était pire pour moi de le voir en mari nul qu'en père lamentable. Alors faute de sauver la victime, j'ai tenté de neutraliser le coupable.

Un soir où notre père avait daigné venir dîner mais repartait attaquer une muraille et tuer un dragon, j'ai tapé du poing sur la table à la casser en deux :

– On peut pas avoir un « putain de repas » normal dans une famille normale ?!

Mon père a marqué un temps d'arrêt de deux secondes, mes sœurs ont sursauté, le ton est monté. Ma mère s'est mise entre nous pour qu'on ne se batte pas tellement elle me sentait à cran, capable de lever la main sur lui. Je ne l'aurais pas fait à ce moment-là parce qu'il y avait mes sœurs et que je leur mentais autant que possible, mais l'élan y était. Il est reparti finir sa partie.

C'est quand je n'ai plus eu mots que je l'ai affronté en tête-à-tête et que je suis passé à l'acte. Il fallait que ça sorte !

Plusieurs fois, j'ai pété un câble après une engueulade en spirale. Je l'ai fait tomber de sa chaise, l'extrayant de « son putain d'écran ». Je l'ai frappé. Il protestait : qu'est-ce qu'il me prenait ? « Enfin, Roman ! »

Il m'horrifiait. À cette période de ma vie, je crois que je le haïssais. J'en suis même sûr.

Dans le car qui me ramenait des cours, je me prenais à penser : « Un jour, Maman va ouvrir les yeux sur la situation, je vais la retrouver morte en rentrant, elle aura laissé une petite lettre toute gentille… » Sincèrement, si elle avait vu les choses en face, elle n'avait que ça à faire. C'est ce qui me retenait de m'employer à lui prouver que son mari, ce raté, était notre boulet à tous. J'incarnais le père, l'autorité pour mes sœurs, la protection, leur achetant des cadeaux, je suppléais, mais j'incarnais aussi le mari, celui qui complimente Natacha après le bon repas et constate que « ça te va bien, ce petit pull… ». Je n'en pouvais plus.

Au fil de ma troisième, notre mère a commencé à y voir clair plus concrètement, à prononcer le mot « séparation », du bout des lèvres au début, puis plus résolument… Pour moi, c'était la seule solution.

Ce qui la sauvait, c'était ses enfants et son cœur. Elle s'était investie dans l'association de twirling, autrement dit de majorettes, du village. Morgane était devenue super bonne, au point de concourir pour les championnats de France. Notre mère ne se dévouait qu'à la compta, bénévolement bien sûr, et avec Morgane, on lui répétait :

– Mais pourquoi tu ne défiles pas, toi ?

– Non mais vous êtes cons ou quoi ? rigolait notre mère.

Elle, se détendre ? Il fallait effectivement être fou pour l'imaginer… Elle s'occupait aussi des kermesses, des lotos, de toutes les initiatives de l'Amicale laïque du village dont elle était simple membre, puis carrément vice-présidente. On la voyait régulièrement partir avec des sacs de vêtements et de chaussures qu'on ne mettait plus, et quand on lui demandait où elle allait comme ça, elle nous lançait :

– Je vais le donner aux migrants de Vendée, ils n'ont rien…

On en restait muets… Quant aux Restos du cœur et autres, il lui arrivait de ne pas y aller chercher ses propres colis. Quand je lui demandais pourquoi, elle me répondait :

– On peut s'en passer ce mois-ci. Il faut penser à ceux qui en ont plus besoin que nous…

Ça me rendait fou :

– Mais enfin, Maman, arrête de penser aux autres ! C'est pas parce que tu finis avec quinze euros sur le compte qu'on n'a besoin de rien !

Et puis je me mordais la lèvre et je la fermais, parce que les autres, ça la sauvait. Ça l'arrachait à son propre sort. C'était son World of Warcraft à elle. Sauf que ce n'était pas un jeu et que ça répandait le bonheur autour d'elle.

À l'Amicale laïque ou dans l'assemblée de mamans devant l'école de mes sœurs, notre mère s'est fait quelques copines. C'était l'avantage de la défection de son mari, ça laissait la place à une vie sociale. Elle, elle ne trouvait pas les autres « nuls », elle avait plutôt le défaut inverse de les trouver tous formidables. Elle choisissait des femmes de notre classe sociale, une façon de ne pas souffrir en se comparant, comme de rester dans le rang qu'elle s'estimait dû, c'est-à-dire bien bas. Jamais elle ne se serait rapprochée de quelqu'un qui menait une vie normale, encore moins bourgeoise. Je me souviens notamment d'un couple de vétérinaires adorables, responsables du Secours catholique, qui emmenaient gentiment Morgane chez eux une semaine l'été à Saint-Jean-de-Monts. Ils remplissaient auprès d'elle l'office que ma marraine remplissait auprès de moi, créant des parenthèses dans la détresse. Heureusement qu'on les a eus, ces gens-là, au fil de notre vie. Ils croyaient faire un petit geste mais assuraient notre salut. La femme du couple aurait volontiers côtoyé notre mère, mais Maman était persuadée d'être inintéressante, elle « préférait pas ». À l'inverse, elle pouvait devenir la poire de « mamans précaires en détresse » en gardant leurs enfants après l'école, en échange de rien, ou prêter vingt euros à des galériens chroniques. La première fois, ils rendaient, la deuxième fois aussi, et la troisième fois, il n'y avait plus personne. Elle avait le don de se rapprocher des mauvaises personnes, à me rendre méfiant moi-même. Je n'ai pas une confiance spontanée en les autres, loin de là. J'ai longtemps craint le coup de poignard dans le dos, tellement je l'ai observé dans mon enfance. J'ai mis du temps à comprendre que notre mère sympathisait avec celui qui a la main dans le dos tenant un poignard, mais qu'elle fuyait la main tendue. Je me suis juré de faire le contraire.

Ce qui m'a sauvé, moi, pour tenir en cette fin de collège, c'est de me rapprocher de mecs sympas ni riches ni pauvres, qui me parlaient sans me faire payer le milieu d'où je venais. Chez Sébastien, Louis, Mathieu, Charlie, Kévin, enfants de la classe moyenne, les parents travaillaient tous les deux en gagnant un peu plus que le SMIC, en usine ou en entreprise, sans être forcément diplômés, mais tous dotés d'un savoir-faire manuel. Ils habitaient des petites maisons dans les environs de Chantonnay, où se trouvait le collège, ou de Sigournais. Le week-end dans leur famille, on passait la tondeuse, prenait l'apéro, allait faire les courses, avec un petit cinéma ou un restau les jours de fête. Une vie simple mais normale. Les copains de ma nouvelle bande rigolaient avec trois fois rien, avaient de la conversation au-delà des marques de fringues, et on discutait bien, surtout dans l'enceinte du collège au départ. Après on est allés chez les uns ou chez les autres, de préférence pas chez moi évidemment. On faisait des jeux, des petites soirées DVD, et l'année de seconde, on irait prendre des verres en ville, mais rarement parce que c'était trop cher pour moi. Nous n'étions pas des fêtards, tous concentrés sur notre avenir. La plupart d'entre eux resteraient mes amis, et chacun dans son domaine est devenu une pointure. Rencontrés à Chantonnay, aujourd'hui au Conseil d'État, au bloc chirurgical, ou en thèse de doctorat, je les avais bien choisis ! Ils avaient beau être mes supers amis, je ne leur racontais pas la situation dans laquelle j'étais. Ils ne s'en rendaient pas compte parce que je commençais à bien tricher côté look. Ma mère les accueillait en souriant comme si elle sortait du lit si jamais ils passaient à la maison. Mon père cherchait officiellement du travail sur son ordinateur, il ne fallait pas le déranger. Ç'aurait été trop la honte de leur dire qu'il était tombé dans World of Warcraft et ils n'auraient rien pu faire, alors à quoi bon ? Sans le savoir, mes copains m'aidaient à vivre. Ils m'offraient de l'oxygène, une impression de normalité, la paix.

À la fin de la troisième, je me sentais « en progrès », sur tous les plans, financier, physique, mental, moral, à défaut de psychique. J'avais arrêté de jouer à WOW. Je gagnais de l'argent entre les cours, les canards et les coups de main à droite à gauche. J'ai tenu à passer mon BSR, le brevet de sécurité routière, en le payant avec mon argent de poche, une centaine d'euros, pour être comme mes copains, même si moi, je n'aurais jamais mon scooter. Mais c'était compter sans notre mère, qui était quelqu'un d'incroyable.

Un jour, dans le jardin de gens chez qui elle faisait le ménage, elle a vu une mobylette Peugeot à pédales en train de pourrir. Ils lui ont dit qu'ils comptaient la jeter et elle les a arrêtés tout de suite :

– N'allez pas faire ça ! Moi je vous la rachète ! Cinquante euros !

C'est comme ça qu'un jour elle est arrivée toute contente :

– Tiens, Roman, j'ai une surprise…

C'était un super cadeau ! Elle marchait très bien. J'étais comme les autres ou presque, un mec en deux roues ! En me payant un peu d'essence, je pouvais aller au lac de Rochereau, avoir mon petit moment de recueillement hors de la maison où à part mes sœurs qui s'amusaient comme des dingues, tout était dur. J'essayais de me projeter dans l'après. J'échafaudais des plans pour l'avenir, tout en me demandant comment j'allais me payer des études, dans une autre ville, en laissant mes sœurs, ma mère, livrées à ce zombie qu'était devenu notre père.

À l'approche du brevet, moitié en contrôle continu, moitié sur examen, je crevais de peur. J'avais dix-sept de moyenne générale, en partie grâce à l'émulation de mes nouveaux potes, donc, même en ratant les examens, je l'aurais. Mais je m'en fichais, de juste l'avoir. Il me fallait impérativement la mention très bien pour décrocher la bourse au mérite… Et je l'ai eue ! Ma mère m'a félicité, j'étais son super petit homme, mon père a marmonné que c'était normal. Mes années de lycée, j'aurais donc mes mille euros annuels. J'allais manger « gratos » le midi !

Chapitre 5

Cet été-là, en un sens, il fallait que ce soit le dernier. Notre mère en avait fini avec les CDD en boucle de gestionnaire de terrains des gens du voyage, sans jamais avoir le CDI dont elle rêvait. Elle est partie à regret parce qu'elle aimait le côté social, qui donnait du sens à son travail. Elle a aligné tous les interim possibles, beaucoup d'inventaires de magasins ou de remplacements en usine, en secrétariat les semaines de chance, et ça ne s'est plus arrêté avant longtemps. En parallèle, elle faisait des heures de ménage dans les trous de son emploi du temps, et le service à la cantine sur l'heure du déjeuner. Moi, je bossais dans les maïs, et je voyais un peu mes copains quand je ne gardais pas Morgane, onze ans, et Yonah, trois ans. Notre père allait jusqu'à refuser maintenant de le faire. Il était sur World of Warcraft ! Si je ne pouvais pas m'occuper de mes sœurs, ma mère devait demander à ses copines de venir à la maison, alors qu'il était là ! Il n'émettait plus aucun avis négatif sur ses fréquentations, parce qu'il en avait besoin, et que de toute façon il ne les voyait plus, enfermé dans son bureau comme un toxico.

Notre père n'était pas « fou », mais il avait un tempérament d'addict. Quand il touchait à quelque chose, il y restait englouti. Dans la précarité, une névrose, par exemple être obsessionnel, ne pardonne pas. Quelqu'un d'un milieu aisé peut s'acheter compulsivement des caméras, des motos, des fringues, sa vie ne s'en trouve pas détruite, et quand il en aura marre, il s'offrira une analyse chez un bon psy. Les gens malades qui ont de l'argent ont l'air moins malades parce qu'ils ont les moyens de leur pathologie. Notre père ne les avait pas. Il comptait sur notre mère, qui ne les avait pas non plus. Elle ne pouvait pas gagner plus, ni dépenser moins.

Notre mère s'est mise à faire tourner la baraque et plus seulement financièrement. Elle faisait tout toute seule, les courses, nous emmener trois heures à la plage, parler avec nous, organiser la rentrée de nos sœurs, Yonah en maternelle, Morgane en sixième, surveiller nos devoirs, remplir les papiers. Elle ne sollicitait même plus notre père parce qu'elle savait que c'était inutile. Il n'était plus là pour personne. Il dormait presque sur son clavier. À peine s'il allait encore faire pipi. Symbole fort, notre mère a fini par ne plus lui mettre d'assiette à table, ni l'appeler. Elle n'avait plus envie de le voir.

Leur couple était fini. Ils n'avaient plus aucune complicité. Notre père commençait à sentir qu'il allait se faire virer, ce qui l'accrochait un peu plus à World of Warcraft comme l'héroïnomane s'accroche un peu plus à sa seringue quand les difficultés qu'elle a engendrées le mettent au pied du mur. Quand je le regardais jouer en pyjama, ne ressemblant plus à rien, j'avais envie de hurler et de lui casser la gueule, mais j'ai fini par me dire : « Ne le frappe pas, il est déjà à terre. » Je l'ignorais.

À la rentrée, ça sentait la séparation imminente. C'était une question de semaines, de mois. J'espérais. C'était typiquement une décision sur laquelle je n'avais pas de prise. En attendant, j'arrondissais les angles pour que la vie de notre mère soit la moins dure possible.

Dans un contexte pareil, j'aurais pu mal tourner, mais à quinze ans, au moment où les occasions se multiplient, c'était trop tard. Je ne pouvais pas lire les grands auteurs et me détruire moi-même par la drogue ou l'alcool. J'avais appris qu'un corps malade donne des idées malades et déjà que la vie était malade, valait mieux éviter les idées malades ! Il m'est bien arrivé, une unique fois, d'être ivre mort après deux verres à l'anniversaire de mon copain Mathieu, au point de dormir chez lui. Le lendemain matin, dans la voiture de ma mère venue me chercher, j'ai vomi. Son regard sur moi m'a projeté au-delà de la honte... J'étais vacciné.

Chaque fois qu'une perche se tendait, j'évaluais les conséquences de mes actes : quel sera l'impact sur ma mère ? si j'ai des ennuis avec les flics ? sur ma vie ? et si j'ai un casier ? Est-ce que le bonheur d'un peu de débauche peut compenser le grand malheur causé à ma mère et les dégâts sur mon avenir ? Ma mère n'aurait jamais supporté de nous voir avec une cigarette au bec alors qu'elle tentait de moins fumer elle-même. Mon père s'enfilait son paquet par jour, un budget non négligeable. Je n'ai jamais fumé, Morgane non plus. Notre mère était intraitable avec les addictions, elle qui vivait enchaînée à son « héros » déchu, lui-même accro à tout ce qu'il touchait. Personne n'est à l'abri d'une contradiction ! Elle nous a répété à chacun toute notre enfance et adolescence : « Tu bois ou tu fumes, c'est dehors ! » Alors bien sûr, affronter le réel était plus dur que vivre dans la fuite comme mon père, mais on payait assez ses dégâts. Les jeux vidéo ont été la seule échappatoire de ma vie. Si je ne voulais pas mourir galérien, il fallait que je sublime mon énergie destructrice, que je me tienne à mon idéal de vie hellénique.

J'ai eu une fascination pour la Grèce antique, sa philosophie qui glorifiait les esprits construits autant que les hommes bien bâtis, quêtant un esprit sain dans un corps sain. Je me suis mis cette année-là à courir régulièrement, plusieurs fois par semaine. Je pouvais le faire seul, c'était gratuit, et ça m'offrait une respiration, dans tous les sens du terme. Je comptais bien ne pas m'arrêter là, obtenir à force de travail et de volonté un corps étoffé comme celui que je voyais aux modèles masculins observés sur mon ordinateur, ces hommes sûrs d'eux qui déversent leurs connaissances en costume-cravate. Ils avaient souvent le corps que l'on se fabrique grâce à une adolescence entre séjours au ski et pratique d'un sport. Un jour, j'aurais moi aussi le temps et l'argent pour m'inscrire dans une salle de sport, il le fallait. J'aspirais à une virilité classique et même à une vie un peu classique, avec peut-être un peu moins de sensations, mais surtout pas d'ivresses suivies de chutes. Sans déballer Platon à ma mère, elle voyait dans quel sens j'allais et elle m'encourageait. Elle me disait souvent en me posant la main sur l'épaule :

– Ça ira, Roman, tu verras… Je ne m'inquiète pas pour toi…

C'était gentil. Moi si, un peu. Et je m'inquiétais plus encore pour les filles, mes sœurs, et pour elle-même. Qu'est-ce qu'on allait devenir ? Comment on allait financer des études alors qu'on n'avait déjà pas de quoi bouffer ?

On m'a bien proposé quelques plans d'argent facile. En milieu rural, c'était de la vente de contrefaçon plutôt que du deal. Mais notre mère m'avait donné l'exemple de son honnêteté maladive, capable qu'elle était de ne pas aller chercher son colis aux Restos le mois où « ça peut tenir » ! Elle m'avait éduqué strictement. À neuf ans, j'avais eu le malheur de voler des bonbons, je m'étais pris une baffe avant de devoir aller les rendre à la boulangère. Là encore, la honte m'avait vacciné. Notre mère ne volait pas un centime aux impôts, capable de les rappeler parce qu'elle s'était trompée de vingt euros ! Les parents refusaient même de déclarer séparément parce que c'eût été mentir alors qu'ils y auraient gagné. Le seul petit arrangement que je leur ai connu, du temps où ils s'entendaient encore bien, c'était de jouer la montre avec la banque quand le compte était vraiment dans le rouge. Ils avaient un petit numéro bien rodé lors du passage en caisse. Notre mère, pseudo-dévastée, lâchait à la caissière :

– Mince, j'ai oublié la carte bleue…

Notre père arrivait derrière à point nommé :

– T'inquiète, Natacha ! J'ai le chéquier !

Un chèque en bois bien entendu. On verrait plus tard, quand le banquier appellerait. Ils gagnaient juste du temps. Dans la galère financière, j'avais vu un vrai attelage, leur autre petit arrangement consistant à falsifier le certificat d'assurance de la voiture en pompant celui de l'année précédente. Ils mariaient leurs deux compétences, informatique et secrétariat, pour faire un faux signé Photoshop, pas mal réussi du tout. J'avais vu une synergie d'exception, pas un couple d'escrocs de haut vol. Ma mère en était malade, parce qu'elle avait fui une vie familiale de bidouillage pour épouser le grand Patrick Nobels qui la contraignait au bidouillage. Du coup, je ne dis pas qu'il ne m'est jamais arrivé de planquer un deuxième yaourt dans ma manche au self du lycée, que je n'ai jamais rajouté une troisième pomme dans le sachet après avoir sorti le ticket pour deux, que je n'ai jamais bêtement oublié un article au fond du sac quand je passais à la caisse. Mais c'est tout.

Mes parents réclamaient à peine leur dû, notre père ne touchait pas le RSA, ils ne cherchaient pas à devenir français pour obtenir des avantages. Notre mère avait pourtant de « la France » plein la bouche, cette patrie prodigue qui éduque les enfants gratuitement, avec une bourse à mille euros même. Elle était la plus française des Belges. Contrairement à ceux qui ne se voient que des droits et aucun devoir, sa tendance était de ne se voir que des devoirs et aucun droit. Alors voler, après ça, non ; tricher non plus ; et m'avilir, n'en parlons pas. Car même à la campagne, j'ai perçu sur moi des regards et reçu des propositions biaisées, de week-end à deux ou autres traquenards, venant d'hommes comme de femmes, dont j'ai choisi d'ignorer le sens. Je préférais les canards. Faire des conneries, c'est loin d'être une fatalité quand on n'est pas né au bon endroit. Moi je voyais les choses dans l'autre sens : j'estimais que ma vie ne m'en donnait pas le droit.

C'est en seconde que j'ai saisi la fameuse main tendue, une opportunité d'argent pas facile, mais pas archi difficile non plus, moins que les canards. Plus qu'une main tendue, c'est une main que je suis allée chercher, j'apprenais à le faire. Il y avait au lycée un gars qui ne faisait pas partie de la bande, mais que je connaissais de vue du collège, Dylan. C'était un mec avec qui on rigolait franchement, au look un peu à part avec ses cheveux longs bien peignés et sa passion pour la musique punk. Régulièrement, je l'entendais dire :

– Je peux pas samedi, je suis de service…

Au bout d'un moment, je l'ai interrogé sur ce mystérieux « service ». Il m'a expliqué bosser comme serveur pour un traiteur qui fournissait le personnel des réceptions et des mariages, avec une flexibilité nécessaire qui lui faisait prendre des petits jeunes. C'était de l'argent honnête, même si c'était payé au black. Quand on a quinze ans et qu'on ne peut ni voler ni bosser légalement, on prend ce que l'on trouve. J'ai fini par lui demander :

– Y a moyen que je fasse des extras ?

– Ben ouais, carrément, passe-moi ton CV !

C'est comme ça que je suis moi aussi devenu serveur, sur une durée exponentielle. Je l'ai fait un peu à l'automne de la seconde, puis à fond quand a commencé la saison des mariages, et le plan a duré. Je suis passé de la liste de « gars à appeler au cas où » au statut de mec évident qui ne refuse jamais. Avec la tenue de rigueur, pantalon noir-chemise blanche dont je disposais maintenant dans mon vestiaire, j'évoluais dans un univers presque aussi fantastique pour moi que World of Warcraft. Des fêtes de famille gaies et fastueuses, je n'avais jamais vu ça. Je naviguais au milieu de tenues ravissantes et de mets succulents. Avantage non négligeable, je bénéficiais de deux repas gratuits, midi et soir, et le menu de gala en prime parce qu'il ne fallait pas jeter. Avec Dylan, on faisait ça bien, tout en rigolant énormément, repérant le type qui allait finir par rouler sous la table ivre mort, la nana éméchée qui finirait par embrasser son voisin au lieu de son mari, et l'euphorique qui nous filerait un pourboire de cinquante euros en disant :

– C'est bien, mes petits gars…

C'était payé quinze euros de l'heure, de quoi trouver déjà moins d'attrait aux cours particuliers à dix euros seulement, d'autant qu'on enquillait les heures. Un mariage, c'était six heures/vingt-deux heures ; la mission Nouvel An, dix-neuf heures/cinq heures du mat'. Je repartais parfois avec trois cents euros dans la poche… sans compter les fameux pourboires.

Cet argent me permettait de ne pas peser moi-même sur le budget familial, de payer ma facture de portable, de soustraire une facture EDF à notre mère de temps en temps. Elle n'aurait jamais toléré que je lui donne de l'argent directement. Je ramenais des courses « parce que je passais devant », et je faisais des cadeaux utiles à mes sœurs, chaussures ou vêtements, licence de twirling de Morgane pour qu'elle puisse faire sa compétition, boucles d'oreilles à ma mère, dont j'avais noté qu'elles lui avaient plu mais qu'elle ne se serait jamais offertes... De temps en temps, je me payais un kebab ou un verre avec mes copains. Je réussissais à mettre un peu d'argent de côté, mais jamais plus de cinq cents euros au meilleur de ma forme. Ce ne serait jamais assez pour éponger les dettes que l'huissier présentait régulièrement, et qui enflaient au fil des mois. Notre mère négociait, payait en échelonné, avec les frais d'huissier qui se rajoutaient par-dessus. Miraculeusement, on n'a jamais été saisis. J'en ai tremblé toute mon adolescence. Ç'aurait été traumatisant de voir partir nos pauvres meubles, surtout pour mes petites sœurs.

Ce travail pour le traiteur est aussi devenu une soupape pour supporter cette année-là la descente aux enfers de notre père, qui était aussi la nôtre, absolument inattendue.

Un mercredi d'octobre, je suis rentré du lycée comme d'habitude, j'ai déjeuné avec Yonah, notre mère bossait et Morgane était chez une copine. Notre père se disait de plus en plus fatigué. Ça faisait bien deux ans qu'il se plaignait régulièrement d'avoir mal au dos, et notre mère exaspérée, mais immuablement gentille, lui répétait :

– C'est normal, Patrick ! Tu passes ta vie devant ton écran ! Va voir un médecin si t'es pas bien !

Mais le médecin, c'était le réel, donc pas son truc, à Patrick Nobels. À la maison, de toute façon, on n'abusait pas des consultations médicales parce que c'était cher, en plus du traitement qui pouvait s'ensuivre. Myope, je passais sous silence ma vue qui baissait parce que ça coûterait de l'argent, et si j'avais mal aux dents, j'attendais le plus longtemps possible avant d'en parler. La phrase de notre mère, celle qui accompagnait toute prise de rendez-vous téléphonique chez le médecin, me trottait dans la tête : « C'est sûr, c'est remboursé ? ». Je préférais ne pas prendre de risque. Notre père nous a dit ce jour-là qu'il allait faire une sieste. Il ne ressemblait plus à rien. Un déchet. Je lui répondais à peine. Il n'y avait plus rien à dire.

Il était censé dormir dans sa chambre, pendant que j'écoutais de la musique au casque sur l'ordinateur dans la mienne, quand j'ai entendu un gros *boum*. J'ai cru que c'était dans la bande-son, mais des *boum* irréguliers ont suivi, provenant – casque ôté – de la chambre parentale. J'ai foncé et je l'ai trouvé par terre, en train de baver et de convulser… C'est quand son père est réellement à terre qu'on voit qu'on en reste le fils… Je lui ai maintenu la tête collée au sol de toutes mes forces pour qu'il ne se fracasse pas le crâne par terre. J'ai demandé à Yonah de rester à distance, appelé notre mère qui ne répondait pas, les pompiers… Ma mère est arrivée dare-dare après avoir eu le message, les pompiers dans la foulée. Ça ressemblait à une crise d'épilepsie… Ils l'ont embarqué à l'hôpital de la Roche-sur-Yon.

C'était bien une crise d'épilepsie. Mais liée à une tumeur de la taille d'une mandarine dans le lobe frontal. Et elle était la métastase d'un cancer du poumon du fumeur. Pire, il en avait aussi dans le tube digestif, les os, partout. Les médecins tentèrent le traitement. Pendant un mois, il a été hospitalisé, mis sous chimio, puis rapatrié à la maison avec un lit médicalisé qu'on lui a installé dans une chambre, nous rassemblés dans la même chambre avec un lit superposé et un grand lit, puis il est reparti à l'hôpital. Il ferait des allers-retours jusqu'en mars.

Notre mère courage allait le voir tous les jours et nous emmenait trois fois par semaine, jonglant avec ses horaires de ménage et les sorties d'école. Elle ne pensait plus au prix de l'essence, plus à rien, qu'à la santé de l'homme qu'elle avait choisi vingt ans plus tôt en Belgique, loin de cette Vendée où elle n'imaginait pas qu'il la laisserait se crever dans une vie de misère. Heureusement. Elle s'en serait tiré une balle, de prévoir l'avenir… En attendant, elle relisait le passé. La tumeur de notre père expliquait plus ou moins l'aggravation alarmante des conneries qu'il avait faites toute sa vie. Notre mère se reposait là-dessus pour restaurer un peu l'image de son mari, trouver la force de le soutenir. Et moi, ça me tuait. On était dans la situation absurde où Patrick Nobels était sauvé par une tumeur. Au moment même où ils allaient se quitter. Capable de tous les coups pour obtenir un sursis, il avait du métier! Cette tumeur qui le rongeait, on en payait nous-mêmes le prix tous les jours sous forme de « surprises ».

En son absence, notre mère découvrait qu'il avait fait des chèques en bois, des débits de dix euros dont elle découvrait qu'ils s'étalaient sur quarante mois, de trente euros tous les trimestres, on peinait à lister l'ensemble… Durant mon année de troisième, il avait mis la débâcle en place. L'année de seconde, on en récoltait les fruits. On coulait! Notre mère se battait avec le banquier, les créanciers, comme si le poids qu'elle portait sur les épaules n'était pas déjà assez lourd, et elle n'osait même plus l'engueuler parce qu'il était malade.

Quand il allait un peu mieux pendant juste deux jours, elle lui disait :

– Je te préviens, Patrick, tu guéris et tu rentres chez toi.

Elle oubliait qu'il n'avait plus de chez lui, que chez lui, c'était chez elle !

Notre père maigrissait à vue d'œil, et il y avait un poids minimum à faire pour subir la chimio, alors notre mère lui achetait tout ce qu'il aimait quand il était à la maison, sans limite de budget. Des repas hyper-protéinés, des pâtisseries orientales… Je me souviens avoir encore failli péter les plombs le jour où il a renvoyé son festin d'un :

– Je préfère une brique de soupe à l'oignon, me fais pas chier !

Il l'a eue, sa soupe à l'oignon ! Même affaibli, il était odieux.

Dès novembre, la chimio a été abandonnée parce qu'elle ne fonctionnait pas. Les médecins ont annoncé qu'il en avait pour six mois, un an maximum. J'ai compris que la séparation des parents aurait bien lieu, mais qu'elle ne se déroulerait pas comme prévu et qu'elle serait radicale. Définitive. Le deuil a commencé pour moi, pas pour notre mère qui se raccrochait à n'importe quoi pour se dire que l'impensable n'arriverait pas. Elle a mis du temps à réaliser, comme Yonah, qui n'avait que quatre ans, et Morgane, protégée le plus longtemps possible.

Notre père ne comprenait pas davantage ce qui lui arrivait, d'abord parce qu'il n'avait jamais supporté de regarder la réalité en face et qu'il est rare que le déclic se produise au seuil de la mort, ensuite parce qu'il est devenu totalement délirant à partir de janvier-février. Quand on allait le voir à l'hôpital, il m'accueillait en m'expliquant qu'il y avait des serpents dans le couloir, les Rockefeller ou du personnel qui, la nuit, vendait des embryons… Il demandait à Morgane, onze ans :

– L'infirmière est gentille, va donc lui acheter un sac Vuitton…

Morgane roulait des yeux en me regardant. Je lui faisais signe de laisser tomber, mais il insistait avec autorité :

– Alors dessine-le !

Morgane était décontenancée, ressortait perturbée, en soufflant :

– Il est bizarre, Papa, de plus en plus…

– C'est la maladie, on répondait.

De rares fois, il posait une question sensée à l'un ou à l'autre, prenait Yonah sur son lit, mais dans l'ensemble il était tellement déphasé que les visites étaient stériles pour tout le monde, lui compris, voire destructrices. Parfois, je devais travailler pour l'école ou pour gagner de l'argent, ou j'avais rendez-vous avec des copains, comme Morgane qui vivait scotchée à ses copines. On disait à notre mère qu'on ne pouvait pas y aller, soulagés d'avance parce que ça ne servait à rien, mais elle répondait :

– Je comprends très bien... Je vais me débrouiller pour vous emmener demain !

Raté.

Après des mois, elle a compris que c'était dur pour nous psychologiquement, et aussi compliqué pour la vie scolaire. Trois allers-retours d'une heure environ chacun par semaine dans une voiture pourrie. On a espacé les visites à une fois par semaine, mais elle, elle restait fidèle à son chevet aussi souvent que possible, quasiment tous les jours. Il revenait parfois une semaine ou quinze jours à la maison, puis devait être réhospitalisé. Ce n'était pas plus tenable à la maison qu'à l'hôpital, et même moins.

Dans sa chambre aménagée, il dormait et prenait ses repas, somnolant la moitié de la journée. Il avait des moments d'éveil, mais pas d'activité, des envies comme regarder un film le soir, mais il s'endormait devant. Il avalait des tonnes de médicaments et bredouillait des banalités à mes sœurs, genre « Ah, t'as fait un dessin » ? Des paroles vides. Une conversation qui ne se poursuivait pas. Sa lucidité était variable :

– Elle est où votre mère ?

– Au travail...

Elle avait toujours été au travail, et il était depuis longtemps assez peu lucide pour pouvoir poser la question, comme sorti d'un rêve. La seule différence, c'est qu'il ne jouait plus à World of Warcraft. Ce qui ne l'empêchait pas de continuer à faire des conneries. Il s'est débrouillé depuis son lit pour offrir une console WII à Morgane pour ses onze ans en janvier. « L'argent d'une mission payé en liquide », a-t-il juré sans trembler. Ma sœur n'avait rien demandé. Elle était d'une insouciance dont je ne pouvais que m'accuser moi-même, à force de couvrir les manques et de lui faire la surprise dont elle rêvait, mais elle trouvait tout de même que c'était exagéré. Moi, je savais qu'on n'avait pas vu notre père travailler depuis un an, alors elle était où, la facture ? On l'aurait quand ? Mystère…

Je jouais plus que jamais avec mes sœurs pour compenser cette vie qui s'éteignait près de nous sans laisser plus de ligne directrice que durant les années qui avaient précédé, à Harry Potter, au skate, au roller, à des jeux de société. Je faisais la cuisine quand notre mère n'était pas là. Elle ne manquait, elle, à aucun de ses devoirs, nous interrogeant à son retour sur ce que l'on avait fait à l'école, si on avait réussi nos évaluations. Elle s'excusait que la maison ne soit pas bien rangée, le linge pas repassé, et du bordel qui traînait, vu tout ce qu'on avait retiré de la chambre à médicaliser. Notre père avait accumulé au fil du temps un nombre de conneries incalculables, pièces informatiques ou bricoles inutiles achetées à crédit. En Belgique, on appelle ça des *broll's*. Elle n'avait plus le temps de chantonner en faisant tout joli. Mais paradoxalement, l'ambiance n'a jamais été plombée durant la lente agonie de notre père. Parce qu'on n'en avait pas les moyens ! La vie continuait, et la vie, c'était toujours la galère. Ce n'était pas le moment pour notre mère d'arrêter les remplacements, les ménages, la cantine, les filles à lever pour l'école, ni pour moi d'arrêter les canards, les cours particuliers, le traiteur, tout en assurant au lycée. Faire son deuil est un luxe. Nous, on ne pouvait pas s'asseoir et regarder par la fenêtre en écoutant James Blunt. Alors on avançait…

En mars, l'état de notre père a empiré. L'hôpital ne faisait plus grand-chose. Il dépérissait, perdant chaque jour un peu plus ses facultés. Notre mère s'est proposée pour le prendre à la maison parce qu'elle refusait qu'il soit transféré en soins palliatifs. Elle a même envisagé d'arrêter de travailler pour s'en occuper à plein temps. Et on aurait vécu comment ? Mystère. Pour notre mère, ce n'était pas le sujet. C'est le corps médical qui l'en a dissuadée, au motif que « ce ne serait pas bien pour vos enfants ». Ils avaient bien compris comment elle fonctionnait. L'argument l'a touchée droit au cœur.

En mai, notre père a perdu ses fonctions essentielles. Il était squelettique, se pissait dessus, n'entendait plus, somnolait. À peine s'il délirait encore. Il a été transporté d'autorité dans un centre de soins palliatifs à La Châtaigneraie, à vingt-cinq kilomètres de Sigournais. Notre mère allait là-bas tous les jours, consciente de vivre les derniers moments. Elle restait incroyable. Je ne l'ai jamais vue pleurer, immuablement droite et digne. Elle perdait pourtant l'homme qui avait été toute sa vie, pour le meilleur et surtout pour le pire.

Notre mère a fini par nous dire qu'on n'était pas obligés d'aller voir notre père, mais nous avons continué à y aller une fois par semaine, pour la soutenir, elle, parce qu'au fond lui était déjà parti. Notre mère que j'avais connue capable d'une naïveté désarmante, voire horripilante, était capable de nous tenir un discours très structuré :

– Quoi qu'il arrive, on restera une famille.
– Papa s'en va mais il vous aime.
– On va l'accompagner dignement.
– On va se serrer les coudes pour rester forts.

Un moulin à phrases magiques. Faute de famille, donc d'expérience de décès, Morgane ne comprenait pas bien ce qui se passait et me posait à moi les questions embarrassantes, pour ne pas peser sur notre mère, consciente de sa peine :

– Dis, Roman, quand elle dit « s'en va », Maman, ça veut dire qu'on le reverra quand, Papa ?

J'ai dû lui expliquer. Elle était chagrinée. C'était son père et elle ne le jugeait pas de la hauteur de mes quinze ans, Yonah encore moins.

Mon propre deuil avait commencé durant l'hiver, mais ma mère a commencé le sien à l'approche de l'été. Elle me soufflait en souriant, après avoir essuyé juste une larme sur le parking de La Châtaigneraie :

– Mon bonhomme, s'il arrive quelque chose, va falloir que je puisse m'appuyer sur toi…

J'avais envie de lui répondre que ça faisait des années qu'elle s'appuyait sur moi ! Elle pourrait. Même si l'ampleur de la tâche s'annonçait colossale. Pour l'argent, c'est triste à dire, mais la mort de notre père m'apparaissait davantage comme un espoir de solution que comme un problème. Déjà, le budget tabac n'existait plus, notre mère ayant arrêté de fumer net, notre père n'étant plus en mesure de le faire lui-même évidemment. Notre mère mettait de côté l'argent économisé du tabac, pour tenir bon et ne pas rechuter à cause du contexte. À la place, elle attrapait un gâteau. Les dépenses « surprises » de notre père ne pèseraient plus sur le budget familial, ni sur le moral de notre mère, quand on aurait fini d'écluser celles en cours. On n'en voyait pas le bout et on en ignorait l'ampleur. Mais qui allait incarner la figure du père pour mes sœurs ? Il en était le contre-modèle, mais un contre-modèle fait office de modèle. Symboliquement, il était là. Il m'avait structuré en m'apprenant à aimer réfléchir, même si lui déconnait complètement. Je transmettais ce que je pouvais à Morgane, je la reprenais quand elle raisonnait de travers ; Yonah était encore petite. Mais après mon départ de la maison ? J'y avais déjà pensé puisque notre père n'était plus qu'une ombre les derniers temps, mais la question prenait là une réalité très concrète.

Ma mère était trop gentille, douce et naïve pour empêcher des enfants de tomber dans le panneau d'une société pleine de pièges et de tentations. Si Yonah était encore une gamine de quatre ans qui jouait à la princesse et se faisait des colliers, je voyais Morgane changer. En préadolescente très précoce, elle commençait à mériter son surnom de « Drama Queen », qui lui irait comme un gant pendant des années. De plus en plus jolie, faisant plus mûre que son âge, mais insouciante comme une enfant, elle était la championne des émotions en dents de scie, grand amour avec ses copines, suivi de tragédies qui dévastaient l'ensemble de son existence. Elle était à fleur de peau, avec une sensibilité envahissante et un penchant pour les extrêmes. Elle allait de ruptures en réconciliations par téléphone, et préférait se faire belle à lire Sénèque, c'était très clair. Je l'aimais comme ça, je l'enviais même un peu, et je gérais encore. Mais quand elle aurait quatorze ans et moi dix-huit, que je serais à la fac à des kilomètres ? Qui l'empêcherait de faire n'importe quoi ? De fréquenter n'importe qui ? De ne pas se dessiner d'avenir ? L'espace de quelques minutes, plusieurs fois dans ma vie, j'ai pensé renoncer à ma vie pour sauver la leur et les élever. Mais je me suis dit : « Non, Roman, dépasse l'émotion, regarde loin, à froid. » Il fallait procéder dans l'ordre, avancer déjà, encore.

Aux grandes vacances 2012, notre père était au plus bas, mais on n'avait toujours pas droit à James Blunt. Alors je suis retourné à l'écimage du maïs, en parallèle du traiteur dont la saison battait son plein. À la mi-juillet, je n'étais pas fâché d'arrêter parce qu'avec les visites à notre père et mes sœurs à gérer, je n'avais plus de temps du tout pour me détendre avec ma bande de copains. Ils m'avaient bien sauvé le moral toute l'année, même si je n'avais pas souvent l'occasion de les voir. C'est à ce moment-là que j'ai eu la surprise de recevoir un SMS d'un numéro inconnu, signé « Pauline ». C'était une fille, largement au-dessus de mon standing, qui avait travaillé avec moi dans les maïs. Coquette et vraiment très, très jolie. Elle s'était débrouillée pour récupérer mon numéro de téléphone, et m'écrivait que c'était gonflé, elle le savait bien, mais qu'elle aimerait bien me revoir… J'étais très content. Ça prouvait que j'étais vraiment passé maître dans l'art de faire illusion. J'étais aussi très conscient qu'elle gratterait rapidement le vernis et découvrirait que j'étais en toc, comme un sac siglé Nike au Tipp-Ex. Mais j'ai évidemment répondu que j'étais d'accord. Il ne s'agissait pas de décourager les bonnes volontés, surtout après les années de « rame » que j'avais connues ! Comme elle habitait à vingt-cinq kilomètres, on n'avait pas encore fixé de date de rendez-vous quand, le 24 juillet, j'ai bien dû lui écrire : « On ne va pas se voir tout de suite parce que mon père est mort. »

Chapitre 6

Il est mort un mercredi. J'étais sur l'ordinateur en train de discuter avec les copains quand la porte de ma chambre s'est ouverte.

– Roman ?

C'était ma mère, qui avait quitté son travail au pied levé. J'ai compris tout de suite. Elle a juste dit :

– Ton père est mort.

J'ai écrit aux copains :

– Désolé, les gars, faut que je vous laisse.

On est partis au centre de soins palliatifs. Là, Maman a éclaté en sanglots. On est entrés dans la chambre… Je n'étais pas triste. J'étais fermé. Je serrais les dents en attendant que ma mère parte s'occuper des formalités pour rester seul avec mon père dans la chambre, pour lui causer en tête à tête. J'étais très en colère. Fallait que j'engueule ! Pendant vingt-cinq minutes, je lui ai parlé à voix haute : « Bravo ! Tu t'es encore bien démerdé ! Tu te barres, tu fuis tes responsabilités en nous laissant bien dans la merde. Ce qui t'attend, c'est facile, mais pas pour nous. Du grand Patrick Nobels !

Quel lâche… » Et puis j'ai dit au revoir. Morgane est venue lui faire ses adieux le lendemain, après les premiers soins funéraires, pas Yonah bien sûr, elle était trop jeune. Mes sœurs ont pleuré, même si notre mère les avait préparées à ce départ depuis plusieurs jours. On savait ce qui était derrière nous, sans aucune idée de ce qui était devant.

Au moment du décès de décès de notre père, j'ai réalisé deux choses importantes : que la mort n'est pas gratuite (elle non plus !), et qu'on était vraiment tout seuls ! J'ai accompagné notre maman bien abîmée à tous les rendez-vous aux pompes funèbres pour la soutenir. Financièrement, aucune option funéraire basique n'était envisageable. On ne pouvait même pas payer la pierre tombale. Alors au cimetière de Sigournais, il y a juste une petite plaque, avec un carré de graviers. À la petite cérémonie religieuse sont venus quelques membres de la famille de notre père, dont son fils Cédric, et Françoise, sa mère biologique, que j'avais dû voir une fois quand j'avais deux ans. Certains ont soufflé gentiment « Si vous avez besoin, n'hésitez pas… ». Mais même après avoir vu la maison, donc mesuré le problème, on n'en a plus jamais entendu parler. Peut-être parce que c'était évident qu'on était au-delà du besoin. Ils n'allaient pas pouvoir fournir.

On a dû « refuser l'héritage ». Un grand mot puisqu'on découvrait chez le notaire au fil des jours les dettes en cours, à hauteur de quinze mille euros environ, dont des crédits à la consommation obtenus « sur un simple appel ». C'était nouveau. Sincèrement, je crois que s'il était resté en vie, on aurait fini à la rue.

Le comble, c'est qu'on entendait encore parler de lui et de ses frasques après sa mort, avec l'ultime farce de cet appel reçu à la maison en plein été :

– Allô, bonjour, je parle bien à monsieur Nobels ?

– Non, c'est son fils…, ai-je répondu. Je peux vous passer ma mère…

– Non, je veux parler à Patrick Nobels…

– Ça va pas être possible…

– Je souhaite lui parler personnellement.

– … C'est pourquoi ?

Dans la précarité, on apprend à se méfier, à ne pas abattre ses cartes tout de suite. Le type a fini par lâcher le morceau :

– C'est au sujet de l'achat d'une console Wii en janvier 2012…

La console de ma sœur ! La fameuse « mission payée cash » ! Tout s'éclairait… Je me doutais bien…

Et le type m'a expliqué que les traites allaient commencer à tomber, ça coûtait tout de même six cents euros, et qu'il n'arrivait pas à les prélever faute de signature. Notre père était un parfait faussaire pour imiter la signature de notre mère, cela va de soi ! Le commercial a continué :

– Donc je voudrais savoir comment il va régler…

J'ai annoncé, triomphant, me retenant de rire parce que parfois, ça détend :

– Ben, il va pas pouvoir !.. Parce qu'il est mort !

Ça a créé un gros malaise, « excusez-moi », etc. On n'a jamais payé la Wii. Au moins une chose que notre père nous aura offerte. On l'a gardée à titre de relique durant longtemps dans un coin. Car bien sûr ma sœur n'a jamais joué à la console et n'avait jamais souhaité le faire. C'était un (gros) *broll's*.

La maison a longtemps été maintenue en l'état, en musée des broll's. C'était trop d'émotion pour notre mère d'envisager de déplacer un objet chargé de souvenir, même mauvais, de remettre la maison en ordre en dégageant tout le bazar paternel. C'est seulement au bout de six mois que j'ai réussi à lui faire accepter de vendre les saloperies, les cannes à pêche, les ordinateurs en kit, tout sauf le Toshiba portable. Pour les vêtements et le reste, notre mère nous a fait du « grand Natacha » : elle a tout donné aux « pauvres ».

Dans un premier temps, la mort de notre père m'a apaisé. Notre mère allait pouvoir revivre. Loin de se laisser enterrer avec lui, elle a pris de bonnes résolutions juste après l'enterrement, dont une marquait une étape historique :

– Les enfants, vous avez vécu des mois très durs… Vous avez été gentils et très courageux… On va prendre nos premières vacances. Quelques jours au camping, ça vous dit ?

On était super heureux évidemment. Notre mère a ajouté :

– Et maintenant, on partira tous les ans !

Un nouveau départ, un vrai. Je croyais beaucoup en elle.

Belle-Île-en-mer restera l'un des plus beaux souvenirs de voyage de ma vie. Avec très peu d'argent, emprunté à des amis, on a partagé tous les quatre des jours tout simples, entre baignades, marches et pique-niques. On ne parlait pas d'argent, et pas trop de notre père parce que chacun avait peur de faire du mal aux autres. Il y avait quelque chose d'irréel, une pause hors du temps. Notre mère semblait flotter, hochait la tête quand je la réconfortais en la prenant dans mes bras : on allait repartir sur de nouvelles bases, assainir la situation financière… Son mari n'était déjà plus le même depuis un moment, rappelais-je sobrement, c'était un mal pour un bien. Mes sœurs ne réalisaient pas encore bien, mais je ne doutais pas qu'elles allaient respirer, elles aussi. C'était un été riche d'espoirs, qui m'ont porté jusqu'à la rentrée. Et puis j'étais porté par quelque chose de mieux que l'été…

Avec Pauline, on a conclu ! C'était ma première « vraie » copine, et sur l'échelle de la cote amoureuse, elle valait mieux que moi. Narcissiquement, c'était précieux, et ça jouait beaucoup dans mon attachement. Elle était grande, fine, blonde, bien sapée, le prototype du fantasme à cet âge-là, à rendre mes copains jaloux. Même si j'étais, moi, moins moche qu'avant, je me demandais ce qu'elle me trouvait, à part être un blondinet habillé clean qui fuyait les concours de bières. J'ai appris des années plus tard qu'en réalité j'avais plu à d'autres filles, mais que j'avais été mon pire ennemi. Le plus longtemps possible, environ une fois par semaine, j'allais chez elle en car. Mais ma mère devait revenir me chercher le dimanche, jour où l'arrêt n'était pas desservi. C'est ça aussi, la vie à la campagne… Pauline proposait de venir chez moi, mais j'en avais moins envie que jamais après avoir mesuré qu'elle était de la classe moyenne, la vraie. Ses parents s'étaient bien débrouillés, CDI, voiture, pavillon, vie rangée, couple harmonieux.

J'ai pourtant dû céder à sa demande après quelques semaines. J'étais angoissé à l'idée qu'elle découvre le bordel à la maison, mes sœurs remuantes, ma mère débordante d'amour, le lieu qui sentait la misère au-delà de la bonne humeur... Alors j'ai organisé des « week-ends médiatisés », où l'on mangeait chez des copains, sur les bords du lac, où l'on allait voir Morgane faire du twirling, au cinéma où je l'invitais comme un vrai mec, tout sauf rester dans le bazar et les murs moisis. Quand on était à la maison, où l'on se contentait de dormir, Pauline se laissait rouler, noyée dans le bleu transparent de mes yeux et mon petit pull marine. Une grande qualité, dont je lui étais très reconnaissant. Je ne me suis jamais projeté dans l'avenir avec elle. Très bonne danseuse, elle voulait faire carrière dans ce milieu qui ne me parlait pas, elle n'était même pas sûre de décrocher son bac, elle ne lisait pas un livre, je ne me souviens pas de grandes conversations... Mais je me sentais amoureux, elle disait l'être aussi, et rien ne pouvait m'arriver de meilleur pour me faire un peu de bien, ce qui m'a porté pendant deux ans.

Pour me soutenir durant l'année de première, je pouvais toujours compter sur ma bande, Sébastien, Louis, Mathieu, Charlie, Kévin, qui faisaient sobre sur le décès de mon père :

– Ça va ? On va se boire un verre après les cours ?

Ils allégeaient ma peine, comme ils avaient toujours su le faire.

Pour mes sœurs, le deuil se révélait plus compliqué, contre toute attente, et ce sont elles qui m'ont inquiété les premières, avant ma mère. Les gamins peuvent être méchants entre eux et Yonah restait sans défense face à ceux qui lui disaient :

– T'as pas de papa ? Mais ça doit être bizarre de pas avoir de papa ? Et il était vieux ?

Notre mère lui expliquait patiemment :

– Tu as un papa, Yonah. Il s'appelait Patrick. Il n'est plus là, c'est tout. Tiens, je vais te montrer des photos.

Et gentiment, elle feuilletait ses albums confectionnés avec amour, en lui racontant une vie qu'à vrai dire je n'avais pas vraiment vécue. Une vie de famille avec un père normal. Notre mère ne survivait au fait d'avoir gâché des années de son existence qu'au prix de refaire l'histoire en se la racontant comme elle l'aurait voulue. Pourtant, le défunt restait cruellement parmi nous, avec l'interdiction de faire des chèques, tombée sur notre mère à cette époque-là. On était obligés de payer tout en liquide en allant le chercher à la banque, vu que la carte nous avait déjà été confisquée…

Celle qui m'inquiétait le plus était Morgane. Elle rentrait en sixième et idéalisait complètement notre père en livrant des récits fantaisistes :

– C'était bien quand Papa, il nous donnait le bain…

Je rectifiais :

– Il ne nous a jamais donné un bain, il ne s'est jamais occupé de nous, Morgane…

Notre mère me fusillait du regard. Elle trouvait que ce n'était pas la bonne façon de faire. Morgane partait en vrille au milieu du repas :

– Pourquoi t'es méchant !?

– Je ne suis pas méchant, je suis réaliste…

Morgane quittait la table au bord des larmes pour aller bouder dans sa chambre. J'expliquais à notre mère que ce n'était pas possible de laisser Morgane raconter n'importe quoi parce qu'elle allait finir par y croire. Notre mère se sentait prise entre deux feux puisqu'elle se souvenait de tout alors qu'elle voulait tout oublier !

Elle a décidé d'envoyer mes sœurs au CMP (Centre médico-psychologique) pour passer le cap du deuil. Très vite, Yonah a dit qu'elle ne comprenait pas à quoi ça servait, ce psy. Elle a pourtant développé une sorte de sagesse peu commune à son âge, et en même temps un besoin d'affection qui la faisait se réfugier souvent sur nos genoux. Morgane, elle, irait régulièrement pendant deux ans.

Et pendant deux ans, j'ai dû contrôler mes nerfs pour ne pas hurler quand elle parlait de notre père comme d'un héros, un-homme-un-vrai, alors que c'était notre mère, l'héroïne. Notre mère était forte comme deux hommes, comme ces femmes en apparence soumises qui sont souvent des guerrières. Et accessoirement, c'était moi, le Père Noël qu'on trouvait derrière la plupart des cadeaux dont Morgane se souvenait tendrement comme si notre père les lui avait offerts. Des Wii, c'était une chance qu'on n'en reçoive plus ! Moi, j'avais fait le deuil de notre père symboliquement avant sa mort, pas elle, et c'était un double deuil qu'elle avait à faire, à seulement douze ans.

Dans le sillage de mes sœurs, passé la période de flottement, notre mère a présenté des signes inquiétants… Elle avait repris sa vie de damnée, comme avant, l'entrain en moins. À croire que la menace du rouleau compresseur de dettes « surprises » l'avait stimulée du temps de notre père. Elle a perdu de son éclat, elle rigolait moins, chantait moins, se maquillait moins, se faisait moins belle. Elle affichait une expression douloureuse, a pris encore un peu de poids. Les gâteaux se succédaient lors de ses mornes soirées télé. Il n'y avait plus de soirées « ciné » avec des pop-corn, ou moins. Quand on parlait un peu de notre père ensemble, tout en elle disait sa nostalgie… Elle n'avait jamais appris à être seule, elle avait « toujours » été avec lui. C'est idiot mais comme il se prenait pour un roi, ça la rendait un peu reine. Elle se sentait déchue au lieu de s'estimer promue. Avec Morgane, on lui a conseillé d'aller voir aussi un psy. Notre mère jugeait que c'était inutile, même s'ils faisaient un métier formidable :

– Non, je ne saurais pas quoi lui dire… Et puis, ça va…

Certes, ce n'était pas la grande tristesse, mais elle était terne, et nous, on voulait qu'elle rayonne. J'ai cherché des solutions. Je lui ai tout proposé, changer de vie, changer de destin, repartir sur de nouvelles bases puisqu'elle n'avait plus un boulet pour la clouer sur place. Je lui lançais :

– Allons-y, Maman, on déménage !

– Non, c'est des frais…

– J'ai mille euros de côté en liquide, je peux assumer !

– Non, il y a mon travail…

– Mais il n'est pas fixe, Maman, ton travail ! Ça fait huit ans que tu attends un CDI, et y en a pas, ici, des CDI ! On s'installe dans une grande ville, tu n'auras pas besoin de voiture, les filles auront tout à proximité, tu rencontreras des gens…

– Non, je veux pas…

J'ai même entendu « Je ne veux pas m'éloigner de la tombe de votre père », alors que nous n'étions pas des piliers de cimetière. Elle devait y aller toutes les deux semaines, nous rarement parce qu'elle nous en avait dispensé. Dans la famille, nous n'avions pas le culte du deuil, mais tout était bon pour refuser tout espoir de solution.

J'avais envie de me mettre en colère ! Elle ne voulait pas changer. Parce que changer, ça veut dire qu'on s'est trompé. Quitter Sigournais, c'était dans son esprit comme renier son mari, la vie qu'elle avait eue avec lui, même nulle.

Certaines personnes préfèrent la cohérence de toute leur vie plutôt qu'en changer le cours. Ils répètent cent fois la même erreur plutôt que se dire que leur stratégie est mauvaise. Chez les précaires en particulier, vous venez en 2002, vous revenez en 2022, rien n'a changé, et la raison en est pathétique : ils ne s'autorisent plus à rêver à force d'avoir échoué. Ils se satisfont de leur sort, usés, cassés, sans plus jamais se demander : est-ce la vie que je veux ? C'est sûr, quand on a toute la journée rangé des rayonnages, quand on rentre chez soi, on a envie d'être en roue libre, de jouer avec ses enfants et de regarder la télé, pas de lire Nietzsche et la volonté de puissance ! Mais moi, je lisais, alors je semais des graines, je la provoquais :

– Mais tu kiffes le tragique, en fait ! Tu crois pas que t'as assez donné, avec Papa ? Que t'as pas droit à autre chose ?

Que tu peux pas vivre autrement ? C'est tout ce que tu mérites, cette vie minable ?

Je lui faisais de la peine. Je le lisais sur son visage, mi-surpris, mi-déçu, meurtri, parce que je lui ouvrais les yeux et que la vérité faisait mal. J'étais dans la peau du mauvais garçon quand je parlais comme ça. C'était pas agréable mais j'espérais un sursaut. Le plus souvent, elle repartait vaquer à ses occupations en me tournant le dos, le ton un peu haut :

– Oh ça va, hein !

Et puis parfois, elle me disait en souriant parce que j'avais su trouver les bons mots :

– Merci, Roman, tu as bien fait de me dire ça… Je vais réfléchir…

Sauf qu'elle n'avait pas le temps de réfléchir, le nez sur son balai brosse le lendemain. C'était oublié. J'avais beau semer, dès que ça germait, elle arrachait la pousse.

Pendant deux ans, j'ai ramé, avec en ligne de mire l'échéance du bac qui m'emmènerait forcément loin de Sigournais pour mes études, au mieux à Nantes, ville la plus proche, quatre-vingts kilomètres tout de même, et j'étais rongé par deux questions : comment elles allaient se débrouiller sans moi ? Et comment j'allais financer mon avenir ? Yonah rentrerait en CP l'année où je ferais ma première année d'études, c'était du grand n'importe quoi. Qui allait surveiller ses premiers apprentissages, l'encourager ? Notre mère travaillait jusqu'au soir avec ses trois emplois ; Morgane n'aurait que quatorze ans. Et qui allait la cadrer alors qu'elle me demandait déjà tellement du boulot ?

À douze ans, avec son corps qui en paraissait seize ou dix-sept, jolie comme un cœur, maquillée et très douée pour se mettre en valeur, elle attirait les garçons, de préférence plus âgés. Ce qui nous a valu le premier copain. Il ne s'agissait que de baisers entre adolescents, mais vu l'état dans lequel le phénomène la mettait, ça promettait. Son excès partait d'un bon fond, son grand cœur, qui avait envie et besoin d'aimer. Au père qu'elle avait perdu prématurément et essentiellement déficient, elle avait besoin de trouver un substitut masculin, incarnant la protection, en échange de quoi elle se soumettait, à peu près dévote. C'était naturel et logique, sauf qu'à seize ans, avant de faire psy, ça m'horripilait surtout. Tout de suite, elle s'est mise à en parler des heures, avec ses copines plus qu'avec moi évidemment. Je refusais de lui prêter une oreille complaisante parce que j'estimais que ce n'était pas « mignon », mais pathologique. Les flammes de l'amour lui servaient d'écran de fumée pour masquer son angoisse, mais je jugeais les moyens faute de pouvoir traiter la souffrance évidente. Morgane attendait d'une relation amoureuse qu'elle la remplisse et vienne tout combler. Et même qu'elle déborde parce que c'était plus excitant ! Avec le premier flirt comme avec les suivants, nous vivions *Les Feux de l'amour*, drames de la jalousie, trahisons, suspicions et racontars qui la faisaient pleurer. Parce qu'à force de multiplier les épisodes, elle était menacée par la réputation sulfureuse d'être celle qui couche avec tout le monde… alors qu'elle ne couchait avec personne !

Pour ça, elle a attendu ses quatorze ans et un certain Alexandre, quinze ans, de très bonne famille au demeurant.

Le problème n'était pas le mec mais « le drama », même quand tout allait bien. Tout cela découlait d'un refus de réaliser dans quelle merde nous étions, un genre de cercle vicieux. Même sans les dettes paternelles, notre mère ne connaissait pas le plein-emploi puisque d'un lieu de travail à l'autre, elle perdait du temps, donc de l'argent, sans parler des « trous » d'interim. J'avais beau participer de mon mieux financièrement, nous restions précaires. Morgane avait intégré un groupe de filles dont les parents étaient à mes yeux des riches, c'est-à-dire des enfants de profs ou leur équivalent social, qui la faisaient évoluer dans des maisons avec piscine. À force de les fréquenter, elle finissait par croire qu'elle en était. Elle avait besoin d'être rassurée, j'aurais dû compatir, mais je ne voyais que l'effet direct : elle réclamait à cor et à cri pour tous ses anniversaires et ses Noël des vêtements de marque ! J'avais fait pareil, sauf que moi, c'était pour passer inaperçu ; elle, pour se faire remarquer ; moi c'était un unique sweat, elle, une panoplie sans fin. Je lui disais :

– Morgane, Maman, elle peut pas là…

– Laisse donc, disait notre mère, qui menaçait de répéter le schéma qu'elle avait vécu avec notre père, prête à crever pour payer.

Ça me rendait fou. Je pensais à son avenir, à sa scolarité où elle fonctionnait par cycles avec un schéma qui se répétait chaque année. Elle démarrait fort à la rentrée, bonne élève parce qu'elle imprimait vite, puis elle vivait sur ses acquis parce qu'elle traversait une situation conflictuelle avec une copine ou le prince charmant du moment.

Ça pouvait démarrer d'une histoire de place à la cantine parce que Machin s'était assis à côté de Truc, ce qui voulait dire que… L'affaire durait cinq mois, pleine de rebondissements. Je lui parlais, j'essayais de la tempérer, de l'aider à analyser. Elle finissait par dire « J'ai compris », calmer le jeu ou rompre à l'été, et elle attaquait un nouveau cycle à la rentrée suivante. En toile de fond, il y avait notre mère qui galérait et moi qui essayais d'avoir un peu ma vie, avec Pauline, mes potes, mes études et mes canards. Je n'avais pas envie d'occuper mon temps à faire la gestion des mecs de Morgane, qui d'ailleurs ne le souhaitait pas. Et je découvrais en même temps que je ne pouvais pas compter sur notre mère, vraiment pas ! Comment aurait-elle pu la ramener à la raison alors que c'était son double passionnel ?

N'oublions pas que notre mère était partie en Italie cheveux au vent. Pour finir en Vendée avec une charlotte sur la tête en usine, veuve inconsolable bien qu'éternelle maîtresse pour l'état civil, mais peu importe. Alors forcément, les aventures balbutiantes de Morgane, ça lui emplissait le cœur de chansons italiennes par procuration. Morgane racontait ses histoires à notre mère suspendue à ses lèvres. C'était un biais de complicité, une façon de se tenir chaud alors que le cœur était notre seule richesse, mais avec pour conséquence que ça entretenait le phénomène. Je surprenais leurs messes basses, bien conscient d'être tenu à l'écart, parce que j'incarnais l'interdicteur, celui qui disait gentiment mais fermement :

– Morgane, peut-être que ça te prend un peu trop de temps, tout ça…

Je continuais de l'aimer, et elle grandissant, je l'admirais même pour ses atouts, ceux qu'elle gâchait. C'était une sportive hyperdouée, qui pouvait s'entraîner deux heures par jour pour être la meilleure au twirling, qui s'était aussi inscrite pour le prix modique d'une licence annuelle au club de gymnastique. Elle a fait les championnats régionaux de gym, deviendrait même juge de compétitions, à seulement seize ans. Elle était capable d'une volonté de fer, avait beaucoup de résistance, mais que j'estimais employées à mauvais escient, malheureusement. Elle était aussi d'une patience et d'une tendresse maternante avec Yonah qui faisait d'elle une mini-maman exemplaire. Mais fallait pas qu'une copine appelle ou, pire encore, un copain. Je devais malgré tout constater qu'on a perdu à son adolescence la complicité fusionnelle qu'on avait toujours eue. J'étais devenu le frère aîné qui casse l'ambiance, le père de substitution, l'emmerdeur. Je souffrais de voir le couple fraternel se déliter, après avoir assisté au délitement du couple parental, mais je n'avais pas le choix.

Notre mère, bercée ou secouée par les histoires de Morgane, ne refusait pas de l'emmener en voiture chez son petit copain entre deux ménages, ni de lui donner vingt euros pour aller au centre commercial acheter un joli haut en vue de sa prochaine sortie au McDo. On avait la chance qu'à la campagne les tentations étaient mineures. Heureusement qu'on n'habitait pas à côté de chez Vuitton ! Morgane ne cherchait pas du tout à abuser de la gentillesse de notre mère, loin de là. Elle ne se rendait juste pas compte.

Et le pire… c'est que tout ça, c'était de ma faute !

Avec Morgane, on « jouait » souvent à s'imaginer SDF quand on faisait les courses, jeu idiot pour stimuler notre sens de la débrouille. Je disais à Morgane :

– Bon, regarde bien, tu as besoin de dormir ce soir, tu te mets où ?

On discutait la sécurité et le confort des options possibles, on cherchait les solutions pour manger avec cinquante centimes… On rigolait bien, de ce fameux rire qui aujourd'hui me semble à pleurer. Et quand Morgane me disait :

– Non mais ça va aller, ça ne nous arrivera pas, hein ?

Je répondais :

– Mais nan, Morgane, je déconne !

Je lui disais « Je déconne » depuis sa naissance. Je voulais que ma sœur soit insouciante, qu'elle soit l'enfant que je n'avais pas eu la chance de pouvoir rester. Une réussite ! C'était à la fois super et dramatique. Comment j'allais rattraper ça ? Surtout en étant absent.

Mes premiers rendez-vous d'orientation en vue de « votre avenir », qui excitait tous mes potes mais pas moi, ont eu lieu ces années de première et terminale. Je me suis retrouvé face à la conseillère d'orientation, en ayant tout écrit sur une feuille à l'avance : combien de temps en parallèle des études me laissait le cursus, demander le prix d'une chambre au CROUS, s'il y avait une cantine, si c'était accessible en transports en commun, etc. Mais le choix, d'emblée, je ne l'avais pas ! Il fallait être réaliste. Paris, c'était exclu, au-dessus de mes moyens pour le logement comme pour l'alimentation et le café au prix de deux repas. Et puis c'était trop éloigné pour rentrer tous les week-ends à Sigournais, dont la gare la plus proche était La Roche-sur-Yon, à trente kilomètres, sans parler du coût du train. Il faudrait que je remplisse mon rôle auprès de mes sœurs, vérifier que la situation ne partait pas en vrille, faire les canards le week-end quand le plan tombait, en parallèle du job que je comptais me trouver en semaine dans la ville en question. À vrai dire, une seule destination était raisonnable : Nantes. Beaucoup de mes copains de la bande iraient, ils pourraient me ramener le week-end en voiture. Mais est-ce que je pourrais seulement me permettre de faire une année d'études ? Et de quoi ?

D'emblée, la conseillère d'orientation m'a annoncé que je pouvais « en théorie » compter sur une bourse de quatre cent cinquante euros, mais « pas sûr ».

– Et en pratique, comment ça se passe si je ne l'ai pas ? Ça dépend de quoi ?

Pas trop de réponse parce que « compliqué » et « vous verrez bien ». Ben non, je ne pouvais pas « voir » après !

Certains cursus impliquaient des frais de scolarité, mais la conseillère restait positive :

– Ne vous inquiétez pas. Certaines écoles en dispensent sous certaines conditions.

– C'est quoi, les conditions ?

– Ça dépend…

– On le sait quand ?

– Après avoir candidaté.

Toujours « après ». Certains cursus proposaient des chambres de CROUS ou équivalent, à des prix variables. Elle faisait des projections optimistes :

– Si vous avez la chambre, et si vous avez la dispense, et si vous avez… ça ne vous coûtera quasiment rien.

– Mais, madame, c'est pas avec des « si » que je vais bouffer ! Faut que je sache !

Alors elle me parlait des aides spéciales et des cas particuliers.

– De combien ?

– …

Dès qu'on parlait chiffres, ça commençait à bégayer. On ne savait pas. Avec mon papier, mon stylo, et ma calculatrice, je ne pouvais pas laisser des blancs en me disant : allons-y, on verra où je dors et comment je mange ! Elle n'a pas manqué de bonnes idées :

– Mais vous pouvez travailler à côté…

– Madame, ça fait depuis mes quatorze ans que je travaille et on a du mal à s'en sortir !

– Vos parents…

J'ai pensé : Mon père est mort en laissant des dettes, mais si vous avez un CDI à proposer à ma mère, dans n'importe quelle branche, voilà son numéro de téléphone.

Et j'ai répondu :

– Personne ne peut m'aider.

Les voies étaient tout aussi barrées niveau contenu. J'avais pensé à étudier l'option école de commerce, par exemple, pour avoir un métier qui rapporte de l'argent. Certaines dispensaient les plus précaires de frais de scolarité, mais c'est oublier ce que j'appelle les frais de mode de vie. En école de commerce, on va prendre un verre entre futurs cadres deux fois par semaine. Et pas un verre d'eau. On fait son réseau en participant aux groupes d'activités collectives, pas en filant dare-dare servir des Big Mac derrière une caisse. Elle m'a aussi donné les plaquettes d'HEC et de Sciences Po. Passionnant, tout ce que j'aime ! Mais c'était à Paris ou dans une grande ville, loin de Sigournais, et je me projetais : complètement largué, au milieu de ceux dont les ancêtres ont fait les grandes écoles depuis leur création, programme et culture diffusés au biberon. Exclu.

Je fatiguais la conseillère… Elle ne comprenait rien à « mes critères ». Elle se moquait de mes angoisses, contemplant mon dossier plein de notes au-dessus de 15, croyant me rassurer :

– Il y a beaucoup de gens qui aimeraient avoir tous vos choix, Roman… Je vous assure.

Oui… Mais pas ma vie !

J'ai fini par trouver tout seul une filière courte, un BTS d'« ingénieur qualité », qui débouchait rapido sur un bon salaire. Quand je lui en ai parlé, épuisée par ses efforts couronnés d'échecs, elle a soufflé, soulagée mais méprisante :

– Parfait ! Vous gagnerez vite votre vie ! Ça correspond à vos attentes.

À mes attentes ou à mes contraintes ?!

Quand j'ai informé ma prof principale de mon (absence d') ambition, elle a lâché tristement :

– Quel dommage, Roman…

Oui, dommage. Mais c'était comme ça.

Quand j'ai annoncé mon choix à ma mère, elle a fait pour moi davantage qu'une conseillère d'orientation. Elle savait que je me prenais la tête depuis deux ans. Quand je lui ai dit « J'ai trouvé ! », un sourire a éclairé son visage.

En apprenant que le métier d'ingénieur qualité consistait à contrôler les normes qualité des produits de la même façon qu'elle contrôlait des stocks, que ça ne m'intéressait pas du tout, que c'était le choix de la raison, je l'ai vue se faner sous mes yeux, puis m'engueuler :

– Mais ça va pas, Roman ?! On se débrouillera toujours, enfin ! Fais ce que tu veux ! Il te faut des études à ta hauteur ! Je veux pas que tu fasses ingénieur qualité ! Je te l'interdis !

Limite si elle ne m'a pas foutu une beigne !

C'est comme ça que je ne suis pas devenu ingénieur qualité. Je n'étais pas sûr qu' « on se débrouillerait toujours » pour autant.

Je suis resté pragmatique. Il me fallait une fac, qui laisse des trous dans l'emploi du temps pour travailler à côté, et à Nantes. Le bac ES ouvrait plusieurs voies. Langues étrangères, j'estimais que c'était un bon outil mais pas une fin en soi, et je serais confronté à des étudiants bilingues ou habitués des séjours linguistiques. Socio-philo, c'est caricatural, mais je me suis vu fumer de pétards assis dans les escaliers en parlant d'*Ainsi parlait Zarathoustra*, que Sébastien, mon pote brillant qui jouait à lire tout le dictionnaire, aujourd'hui au Conseil d'État, venait de m'offrir gentiment. Droit, j'ai assisté à un cours en amphi et me suis endormi. Économie, je me suis dit que ça allait me mettre à cran d'entendre parler macroéconomie à la con alors que ma mère n'avait pas de quoi finir le mois.

En pensant à l'avenir, à cette époque, j'avoue avoir eu une période de colère sociale. En quatrième et troisième, j'avais souffert de la précarité financière, je souffrais maintenant de la précarité d'être.

Je n'étais pas fier de mes origines sociales. Je me sentais mal né. Condamné. J'étais fasciné par les transclasses : est-ce que c'est possible de « monter » ? Est-ce qu'on peut changer de destin ? Je tendais l'oreille dès que j'entendais un parcours de miraculé dans les médias. En première ES, notre prof de sciences économiques et sociales nous parlait de cette possibilité avec une emphase et un irréalisme qui me donnaient envie de hurler. Elle usait de beaux graphiques, moi de ma vie. C'était fascinant, mais c'était un microphénomène ne concernant que des exceptions. Une grande majorité du troupeau continuerait sur sa route. J'avais lu Bourdieu. Comment on fait quand on ne connaît personne ? Quand on n'a pas les parents d'un copain d'un copain qui loue justement un studio ? Tout ce que permet le réseau, qui ne se chiffre pas et ne s'achète pas davantage. J'avais plus ou moins acquis les codes à force de travail sur moi, mais ça ne suffisait pas. J'avoue avoir eu des élans de rage contre ceux pour qui tout était facile et qui pourtant se plaignaient, qui pouvaient se permettre des angoisses existentielles parce qu'ils n'en avaient pas de matérielles. Ils allaient gagner cinq mille euros et se plaindre de manquer, parce que passé l'essentiel, ils bâtiraient des projets XXL adossés à des crédits, et ça ne suffirait jamais. Comment on pouvait oublier ce que c'était, l'essentiel ?! Ne pas se réjouir du fait que tout gain au-delà du nécessaire fait de vous quelqu'un d'aisé, de tranquille, une bénédiction qui s'étend à vos enfants ? J'ai senti l'aigreur me gagner le cœur, le goût amer qui était dans la bouche de notre père et imprégnait ses propos sur les autres. Il a fini en homme au cœur sec, agressif, il haïssait les autres. J'ai vu le risque. Je me suis demandé : est-ce que tu as envie de ressembler à ton père ? De devenir un misanthrope qui se coupe du monde, donc qui rate tout ? Je lui « dois » beaucoup, à mon père… Je suis descendu de cet ascenseur-là pour prendre l'autre, le social, celui qui était peut-être en panne mais il fallait essayer, comme disait ma mère. La colère est dangereuse. J'ai réussi à la ravaler.

La fac donc, et – après bilan de compétences fait avec moi-même – de psycho. Ça collait bien avec une rigueur et une exigence scientifiques, mêlées à mon appétence littéraire. Mon modèle absolu, c'était Descartes. J'ai relu *L'Interprétation des rêves* de Freud pour voir, mais avec un autre regard que celui de mes treize ans. Il y avait des clés pour moi dans la psychanalyse, c'était évident. Je me suis dit, t'as toujours eu des questions parce que tu trouvais ta famille bizarre, pourquoi tu n'aiderais pas les gens qui eux aussi ont des familles bizarres ? Mes copains me suggéraient de devenir psychiatre, mais médecine, c'était trop long. Et puis c'était le psychisme qui me fascinait, les mécanismes de la névrose. J'avais des questions lancinantes. Comment mon père avait pu à la fois nous aimer, nous enfoncer et nous lâcher ? Notre mère être aussi lucide sur certaines choses et naïve sur d'autres ? Comment en vouloir à mes parents et les aimer en même temps ? Le propre de l'humain est d'être tiraillé par des forces contradictoires, et il fallait que je me penche là-dessus.

J'ai rempli mon dossier d'admission post-bac et j'ai continué à travailler, devoirs, canards, traiteur, jeux avec Yonah qui avait obtenu son bâton de majorette sur les traces de sa championne de grande sœur, tourments de Drama Queen, ma tragédienne préférée, moments de trêve avec ma copine ou les copains, séances de discussions avec ma mère qui persistait dans son immobilisme comme une damnée. Elle avait peur que je parte, bien sûr, mais elle le cachait, m'encourageait… et refusait elle-même de changer de trajectoire. Je me disais : peut-être qu'il y a un destin, peut-être qu'elle est condamnée. J'aurais aimé être mystique, me dire que sa souffrance sur terre lui vaudrait quelque chose au paradis, mais comme on l'a compris, ce n'était pas ma tasse de thé.

Au bac, j'ai eu 15,8 de moyenne générale, avec un 20 en maths. J'étais dégoûté d'avoir raté la mention très bien de 0,2 point à cause de notes pas terribles en français, mais le bac français était tombé ma première année de chef de famille. Ma mère a fait un super bon dîner pour fêter ça, ce que je ferais aussi au bord du lac de Rochereau avec ma bande. Mais je n'ai pas connu l'été de foire des jeunes bacheliers. Je reprenais le job en forme d'aubaine qui était tombé du ciel l'été précédent, encore un miracle de notre mère. Elle avait dit à un historien chez qui elle faisait le ménage, auteur reconnu spécialiste d'héraldique, que son fils était passionné d'histoire. Toutes les matières me passionnaient, à vrai dire, et elle en était tellement fière... Ce monsieur, Michel Froger, lui avait donné un livre pour moi. Quand je l'avais croisé quelque temps plus tard, il m'avait demandé si je l'avais lu, ce que j'en pensais... Mes réponses ont dû lui convenir, or Michel Froger faisait partie de l'équipe de gestion du château de Sigournais, qui organisait les spectacles et visites guidées estivales. C'est comme ça qu'il m'a proposé à moi, petit gars de la campagne, la mission habituellement dévolue aux enfants de bourgeois : guide du château ! Michel Froger fut mon catalyseur de transclasses. L'une des plus belles mains tendues de ma vie parce qu'il m'offrait mon premier job « intellectuel » dans un univers fascinant... Tous les jeudis soir, à la fin de la représentation, il y avait un bon repas avec la troupe que j'écoutais parler. C'était gai, vivifiant, intéressant... Quand je rentrais me coucher après la soirée, Michel Froger me soufflait de temps en temps :

– Je t'ai laissé un livre à l'accueil, Roman...

Je passais prendre le livre et il est arrivé que dedans je trouve un billet de cinquante euros, avec un petit mot élégant comme « Pour que tu achètes le tome deux ». Sauf qu'il m'offrait le tome deux la fois d'après. Est-ce qu'il s'est seulement rendu compte de ce qu'il faisait pour moi ? Je n'ai jamais eu de mécène qui m'a dit « Viens, Roman, on s'en va ». Mais j'ai eu la chance de trouver sur mon chemin quelques belles personnes qui m'ont fait penser que la route que je prenais n'était pas complètement stupide. C'est grâce à des gens comme ça aussi que j'allais entrer en fac fin septembre.

J'ai passé un été surbooké de cumulard d'emplois pour payer la caution de ma chambre au CROUS, et l'équiper du nécessaire. Je devais aussi avancer l'argent du premier loyer de 315 euros puisqu'on prenait possession de la chambre le 4 septembre avec une bourse de 450 euros versée à la fin du mois seulement. Il allait vraiment falloir que je trouve du travail ! Les frais de scolarité étaient de cinq euros, c'était la seule bonne nouvelle. Je suis un fervent défenseur de la quasi-gratuité de la fac, forcément. Elle a sauvé mon avenir ! J'étais terriblement angoissé par l'année qui m'attendait. Parce que j'avais atteint mes objectifs, j'allais laisser seules ma naïve maman, l'intrépide Morgane et l'innocente Yonah. Le paradoxe n'était pas facile à assumer.

Pour mes dix-huit ans, à l'été 2014, ma mère m'a offert un book de photos de famille que je n'avais jamais vues, le roman développé d'une histoire que j'avais à relire, et le tatouage dont je rêvais. J'ai choisi une hirondelle sur l'avant-bras, parce que c'est un animal qui se débrouille toujours pour retrouver la stabilité.

Chapitre 7

Mes profs étaient des puits de connaissances, de ces maîtres à penser qui savent vous ouvrir des parcours. Je les écoutais religieusement, j'allais en cours comme on va au théâtre, j'admirais enfin des héros en chair et en os. Je me souviens du premier qui m'a bluffé intellectuellement et m'a fait me dire après le premier cours : « Deviens cet homme-là ! » C'est lui qui, à la fin de chaque année, me sommerait de continuer : « Roman, t'es dans le top 10, tiens bon ! ». J'étais toujours tenté de bifurquer vers une filière courte où la psycho me servirait, policier ou autre, pour être raisonnable, gagner vite ma vie, ou plutôt notre vie. Cinq ans plus tard, il est devenu mon directeur de thèse. Huit ans plus tard, en janvier dernier, quand j'ai donné mon premier cours en amphi, il est l'un de ceux dont j'ai relu les cours en tentant de me remémorer sa présence humaine : « Imprègne-toi de sa pensée, souviens-toi de sa façon de parler, sauve quelqu'un à ton tour… ». Je lisais scrupuleusement les livres que lui, ou mes maîtres de stage en master, Fabienne Fouques et Lydie Bodin, conseillaient. Je me précipitais à la bibliothèque de la fac après le cours. Pour un gars de la campagne, c'était Disneyland ! J'absorbais un livre tous les deux jours, affamé. Je voulais rattraper toute la culture et le savoir que je n'avais pas trouvés dans mon biberon.

La psychologie a d'abord été ma propre thérapie, je cherchais des réponses pour moi. Le chemin était infini, la tâche colossale ; rien ne m'en distrayait. Je n'étais pas le gars de la fac qui devient pote avec tout le monde. J'avais besoin de me construire, pas de me dévoiler. Je n'osais pas suivre les autres ici ou là, ce qui en prime coûtait toujours des euros. Il faudrait parler de soi et raconter sa vie, parler de sa famille, dont je ne cernais pas encore les drôles de schémas. Je mesurais une fois de plus en saisissant les conversations au vol à quel point j'avais démarré bas. En plus, mon amphi comptait 5 % de garçons, dont beaucoup étaient dans le trip « Avec combien de % des 95 % de nanas je vais coucher ce mois-ci ?... ». Ce n'était pas un gros challenge vu l'infime quota de mâles disponibles si on enlevait les très moches et les homos. Mais moi, j'ai été élevé dans un monde de femmes. Je crois à la romance. Un « non » le premier soir fait gagner des points. J'étais pourtant célibataire, puisque la rentrée a vite été fatale à Pauline. Je rentrais le week-end la tête autant prise que l'emploi du temps, avec la maisonnée à recadrer et le job des canards. Plus mûre que moi, c'est elle qui a pris l'initiative de la rupture en mettant des mots sur le fossé qui nous séparait, une libération plus qu'un chagrin. En première année de fac, pour la première fois, je n'avais à m'occuper que de moi au quotidien. J'étais conscient que c'était la chance de ma vie. C'était maintenant ou jamais que je pouvais « décoller ». L'avenir valait le coup de « sacrifier » cinq ans de mon existence. Sacrifier aux yeux des autres, parce que moi, je n'aimais rien tant que penser, apprendre et travailler. Je vivais les années les plus productives de ma vie. Je sublimais à fond, et j'avais aussi à tenir bon sur plusieurs fronts, à commencer par assurer ma survie matérielle.

Pour ajouter aux cent trente-cinq euros qui me restaient, déduction faite de mon loyer, j'ai trouvé des cours particuliers, et le week-end, je sautais sur le plan canards si possible, toujours prévenu la veille au soir par SMS. Quand le SMS tombait, c'était fête ! Je réussissais à gagner deux cents euros par mois environ, c'était le minimum pour vivre. Ma mère me donnait un plein de courses de soixante euros que je récupérais le week-end, un deal après avoir calculé qu'il était plus rentable que je reste officiellement à sa charge. Quand j'avais un peu plus d'argent, je participais aux factures de la maison ou j'achetais des affaires pour mes sœurs. Je m'autorisais une sortie par mois autour d'un verre dans Nantes avec mes potes historiques du lycée. Louis était en prépa ingénieur, Dylan et Kévin, en médecine ; tous dans la même optique de réussite que moi. J'ai sympathisé en psycho avec Dorian, un mec très construit, ce qui n'était pas le cas de tous. Personne n'avait idée de ce que je faisais de mes nuits le week-end, de mon niveau de vie, que trahissait juste mon matériel électronique. Je traînais l'ordinateur à cinquante euros octroyé du temps du lycée par le Conseil général aux élèves boursiers sur critères sociaux. Quand il est arrivé en bout de course, j'ai récupéré le vieux Toshiba portable de notre père, notre mère se contentant d'un vieux fixe « modèle tour ». De temps en temps, le Toshiba s'éteignait en plein cours. Je devenais fou. Je me suis tout de même offert un bel iPhone, le Graal, un 5C reconditionné payé cent euros en quatre fois. Les autres voyaient que je ne roulais pas sur l'or, mais ils ignoraient le motif de mon refus de sorties au ciné ou autres : l'argent. Ou le temps, qui est de l'argent.

Il y avait un cercle vertueux dans mon mode de vie contraint. Patauger les pieds dans la merde avec des immigrés dans un boulot humiliant me faisait regarder autrement les pompes à deux cents euros que je trouvais pas mal dans une vitrine. Je les rapportais au nombre de bestioles enfournées dans une caisse. Elles me faisaient tout de suite moins envie. Ça me faisait regarder autrement aussi la difficulté de travailler tard le soir penché sur mes livres bien propres et fascinants, au chaud, ou à peu près, vu que je n'abusais pas du chauffage. Non, ce n'était pas du « travail ».

Un soir de novembre, j'ai reçu un appel de Louis en panique. Il vivait dans un appartement avec son père, qui venait de mourir d'une crise cardiaque. Il cherchait d'urgence deux colocs pour partager le loyer, sinon il devrait déménager. Est-ce que ça me dirait ? J'ai abandonné sans regret ma chambre du CROUS très sommaire et emménagé dans un quatre-vingt-dix mètres carrés avec deux chambres, et une troisième aménagée dans une moitié du double living ultérieurement, avec balcon offrant une vue sur la Loire.

Sans Louis, je n'aurais jamais eu la chance d'être en coloc, faute de caution et de garant. Jules, en prépa ingénieur, nous a rejoints pour un an, puis Alexane, une fille qui faisait des études de design, l'année suivante. Louis et moi avons démarré une amitié fusionnelle, en se marrant autant qu'en travaillant comme des dingues pendant les deux années qui ont suivi. J'étais comme un coq en pâte, quoiqu'en pleine transformation physique, sur une pente contraire à la salle de musculation de la fac.

En fin de lycée, je m'étais trouvé deux modèles : Albert Camus et Arnold Schwarzenegger. Le premier incarnait l'idée que je me faisais de la France des Lumières, un homme savant et élégant qui savait tout sur tout, un citoyen toujours prêt à se battre pour une cause noble, sans facilité ni raccourci de pensée. Je ne voulais pas devenir ce Jordan qui fait du tuning sur sa voiture et achète du coca sans marque à siroter peinard dans son pavillon le week-end. Mon exigence de force et de verticalité passait aussi par le corps. Le corps, c'est le reflet de l'âme et c'est autant l'un qui fait l'autre, je le savais depuis mes lectures sur l'Antiquité. Mais la force virile n'est pas beaucoup mise en avant dans nos sociétés. Je n'avais pas de maître jusqu'à ce que je découvre l'histoire de Schwarzenegger. Au départ, c'était un clochard autrichien, comme Jean-Claude Van Damme en version belge, qui avait connu la rue. Ils se sont construits en partant de rien. Leur physique a fait leur vie et inversement. Sauf qu'à Sigournais l'abonnement à la salle de musculation était de trente euros par mois. À la fin de ma terminale, en mai et juin, ma marraine m'avait payé deux mois, interrompus par les vacances scolaires et mon départ à la fac. J'avais obtenu les premiers résultats, avec cette satisfaction déjà éprouvée sur le plan moral et intellectuel : l'effort paie! J'avais perdu trois kilos, redessiné un tout petit peu mon corps et surtout, j'étais piqué. Je ne voulais plus ressembler à un moustique, mais devenir un homme fort. Quand j'ai découvert que la salle de musculation de la fac proposait un abonnement à cinquante euros par an, j'ai calculé que ça équivalait à donner cinq petits cours. Pas question de tergiverser!

Pendant un an et demi, j'ai fait quatre séances hebdomadaires à l'heure de la pause déjeuner. Elles structuraient ma semaine, ma pensée, pas uniquement mon corps. J'ai pris l'habitude à cette époque que tout temps interstitiel soit un temps utile, écoutant un podcast en soulevant des poids comme sur le chemin de la fac, mangeant en lisant, griffonnant dans les transports. Je ne sais pas ce que rien faire veut dire, ou plutôt je le sais. C'est le risque de devenir un Jordan, qui vous poursuit bien après qu'il soit écarté, comme la pauvreté. Très vite, c'est la performance qui m'a intéressé. Je voulais soulever toujours plus lourd, jusqu'à m'attirer la sympathie du gérant de la salle qui m'a parfois laissé les clés parce que leurs horaires très restreints ne collaient pas toujours avec mes horaires de cours. J'ai sympathisé avec Sébastien, étudiant en biologie plus costaud que moi avec qui je me suis mis à m'entraîner. C'était un mec sain, parti depuis s'occuper d'oiseaux au Canada. Lui comme mon copain Louis me répétaient :

– Mais inscris-toi chez Basic-Fit ! C'est vingt euros par mois. Tu iras quand tu veux !

J'ai mis trois ans à suivre leurs conseils, quand j'ai estimé mériter la dépense. En un an et demi, j'ai pris vingt kilos de muscles. J'étais devenu un autre mec. Un mec.

Quand mon apparence a changé, mon rapport aux autres a changé, ne serait-ce qu'aux profs. Ils me disaient : « Vous êtes meilleur, Roman, en présentation… » Ce n'est pas que j'étais meilleur à l'intérieur, c'est juste que je sortais ce que j'avais dans le ventre avec une autre enveloppe corporelle, dans laquelle je n'avais plus de raisons de trembler. J'ai acquis très jeune bien malgré moi cette compétence de devenir celui que l'on voulait que je sois. J'avais été par la force des choses le « petit homme » de ma mère parce qu'elle avait besoin d'un mari, le « père » de substitution de mes sœurs parce que leur papa était lâche puis mort, et par volonté le « fiancé » qui invite sa copine au ciné quitte à ne pas bouffer parce qu'un fiancé fait ça. J'ai toujours vécu dans le désir de l'autre, appris à coller aux attentes, à être là où l'on avait besoin de moi, où l'on m'attendait idéalement. Je voulais coller cette fois à mon rôle d'étudiant modèle, pour devenir un jour peut-être un psychologue à la fois rigoureux et bienveillant. Afin de devenir l'homme que je voulais être, j'avais beaucoup observé ces intellectuels, politiques, rhétoriciens, savants, qui parlaient dans les médias et savaient séduire. J'ai regardé la façon dont ils bougeaient leurs mains, orientaient leurs regards, modulaient leur voix. Le soir, j'ai parlé à mon miroir pour présenter si bien que je séduirais l'autre et saurais le combler. Des heures. Ce que je fais, je le fais en boucle, comme un gros autiste, jusqu'à ce que je le fasse bien. Ma devise, c'est « *Fake it until you make it* », qui veut dire en gros « Pipeaute-le jusqu'à ce que tu puisses le faire ». En fait, je suis un polymorphe psychique. Je suis ce que je fais, je deviens ce que j'apprends, je rêve même ce que je travaille ! Moi est un autre, et c'est exactement ce que me disaient des gars connus à Sigournais à quatorze ans que je recroisais à Nantes, à la fac ou par hasard :

– Ah, tu t'appelles Roman ? C'est rare comme prénom ! J'en ai connu un dans ma campagne quand j'étais ado...

Je savais que ce Roman-là était un plouc et un moustique au physique dégueulasse, rien à voir avec le Roman qu'ils avaient en face d'eux. Je ne disais rien. J'exultais. Sans considérer pour autant que ma tâche était finie. Elle ne le sera évidemment jamais, heureusement. Le défi me faisait tenir. Mais si j'étais heureux ? Fier de moi ? Non. Pas durablement. Parce qu'à Sigournais, dans une réalité parallèle, la vie prenait un très sale tour.

Il se passait pire que ce que j'avais prévu, au-delà du prévisible. Dès que j'ai eu le dos tourné, notre mère s'est mis dans la tête de retrouver un mec ! Au départ, c'était des rencontres au petit bonheur la chance, un type croisé chez une copine en général. Mais la chance à Sigournais, elle n'apporte pas le bonheur ! Notre mère commençait par aller prendre des cafés avec le type, partager un moment de promenade, rien de bien engageant. Il voulait la revoir, et elle rentrait en jugeant :

– Il est con comme ses pieds, celui-là, c'est pas possible !

C'était encore le bon temps. Elle jugeait sur l'échelle de son défunt mari du temps de sa splendeur, ou de son fantasme, avec au rendez-vous la déception inévitable. Elle cherchait aussi « bien », voire mieux que notre père, à qui on ne pouvait enlever l'intelligence, la culture et l'éducation au départ, même s'il n'en avait rien fait. Mais avec le temps, elle a révisé ses standards. Elle a trouvé moins bien, ou bizarre. Sa quête est devenue obsessionnelle, activiste. Morgane m'a prévenu un jour lors de mon appel quotidien à la maison :

– Maman s'est inscrite sur un site de rencontres ! J'ai trouvé la facture !

J'aurais pu gentiment payer l'EDF pendant qu'elle payait son site de rencontres parce que ce n'était que cinq euros, mais le vrai problème, c'était ce qu'elle nous ramenait ! Forcément, qui pouvait attirer une femme de plus de quarante-cinq ans qui s'est un peu laissée aller, intérimaire, avec trois enfants à charge et une histoire aussi particulière avec un « partenaire aussi particulier » ? Pas des chefs d'entreprise, inutile de le dire. La seule fois où elle en a eu un, qui m'a semblé clean quand je l'ai croisé quittant la maison dans son Audi, elle m'a soufflé :

– Je sais pas… Je le sens pas…

Le drame, c'est que ce qu'elle « sentait », c'était ce qui reste sur le marché en milieu rural et vise sa cible : une gentille petite femme qui fait la bouffe, le ménage, tourner les lessives, remplit le frigo et assure le service conjugal... On a donc récolté au fil des années des alcoolos, des coureurs plaqués par leur femme, des cas sociaux, des types louches qui donnaient dans la voiture volée, quand ils avaient une « activité ». Un jour, avec Morgane, on a même flippé en voyant une voiture rôder, passer et repasser. On a appelé notre mère pour qu'elle regarde et finalement... c'était un revenant ! Monsieur L., le type des chiens ! Il était complètement sorti de notre vie, celui-là. Notre mère, pas rancunière, l'a invité à prendre un café. Il était sympa, comme il l'avait toujours été. Peut-être qu'il était venu tenter sa chance en estimant passée la période de veuvage, mais en vain. Lui, je crois qu'il avait un mauvais karma.

Le pire, c'était que ses mecs et leur quête frénétique lui pompaient une énergie folle alors qu'elle était déjà fatiguée par le travail. Ils la démoralisaient, lui créaient des angoisses supplémentaires, et quand j'appelais à la maison, je demandais à Morgane :

– Ça va, Maman ? C'était bien, son rendez-vous ?

Elle chuchotait :

– Je sais pas mais ça m'étonnerait... Elle fait grave la gueule !

... Quand elle n'était pas triste, et ça me rendait fou !

Le week-end avec Morgane, on essayait parfois de lui ouvrir les yeux :

– Vis pour toi, fais des activités qui te plaisent au lieu de perdre ton temps à forcer le destin !

Elle montait sur ses grands chevaux :

– Vous voulez pas que je refasse ma vie, voilà ! C'est ça, que vous avez !

– Si, Maman, mais en mieux ! je lui répondais. On nettoie la situation, et après il sera toujours temps de rajouter des guirlandes, il faut faire les choses dans l'ordre !

Il n'y avait rien à faire. C'était une fan de guirlandes et d'Eros Ramazotti. Elle retournait dans les situations qui avaient causé sa chute, comme si les gens n'apprenaient pas. J'ai mis un temps fou à l'admettre : c'est un fait, certaines personnes n'apprennent pas ! Ma mère ne s'autorisait pas à aller vers quelque chose de beau en s'en donnant les moyens. Il lui fallait le bonheur tout de suite, mais sans rien changer. Elle ne voulait toujours pas bouger de Sigournais. Et un jour, elle a eu ce cri du cœur qui m'a éclairé et brisé à la fois :

– Mais tu ne comprends pas, Roman, que j'ai peur de vieillir seule ?

La grande affaire ! Comme si être mal accompagné était rassurant ! Et c'était aussi à cause de sa peur de la solitude et de l'abandon, de ses enfants cette fois, qu'elle passait tout à Morgane. Pour qu'elle ne s'en aille pas.

Notre mère n'éduquait pas Morgane au motif que « si je lui dis non, elle va fuguer ». Elle était consciente que ses enfants n'allaient pas rester pour le confort et l'argent, c'était sûr. Chez nous, on n'aurait pas de Tanguy ! La seule chose qui pouvait nous retenir, c'était l'amour. Mais je lui répétais :

– Maman, ce n'est pas avec l'amour qu'on élève des enfants, il faut que tu sois structurante ! Que tu poses des conditions ! Que tu exiges telle note dans telle matière pour autoriser telle sortie ! Et arrête de lui donner de l'argent pour qu'elle achète des *broll's* !

Car Morgane adorait acheter des conneries, ce qui est normal à seize ans, sauf qu'on n'en avait pas les moyens. Elle était beaucoup plus en colère que moi au même âge quand on lui faisait mesurer les limites, révoltée par notre situation sociale. Notre mère soupirait chaque fois que je lui réexpliquais la même chose :

– Déjà que c'est difficile, si je ne la laisse pas s'amuser, elle va me détester.

S'est ajouté le fait que notre mère voulait maintenant aussi se faire pardonner ses absences, soirées tardives, voire nuits chez des cons, qui contraignaient Morgane, seize ans, à garder Yonah, neuf ans. Morgane s'en plaignait un peu, tout en gardant une patience et une douceur incroyables avec Yonah. Et puis Morgane avait envie que notre mère soit heureuse, et forte du même caractère passionné elle pensait que le bonheur ne pouvait passer que par l'amour. Morgane y croyait de toutes ses forces quand notre mère rencontrait quelqu'un… et réciproquement !

C'est comme ça qu'elles se sont retrouvées dans des confidences sentimentales et sexuelles mutuelles, ce que je trouvais particulièrement malsain. Faisant psycho, je savais aussi que je n'avais pas tort de le penser ! Elles s'entretenaient l'une l'autre d'illusions en désespoirs, escaladant main dans la main les montagnes russes. Forcément, dans leur tête, elles avaient le même âge puisque ma mère n'avait jamais eu d'adolescence, n'était jamais sortie boire un verre, n'avait connu personne avant mon père. Elle la vivait à quarante ans. Morgane avait déjà plus d'expérience qu'elle ! Drama Queen multipliait aussi les situations complexes, à défaut des cas sociaux, vu son âge et ses fréquentations bourgeoises. Elle était capable de sortir avec un mec, puis de le tromper avec son frère, ce genre de pari super gagnant pour le drama. Ça ferait une belle soirée *Feux de l'amour* avec notre mère. Elle avait besoin que la vie soit intense, du moins en apparence, pour gommer sa réalité tellement difficile, mais j'imaginais facilement jusqu'où l'angoisse pouvait la faire dériver malgré elle. C'était le genre à tomber enceinte à seize ans, un ressort bien connu, qui peut tenir plusieurs épisodes. Elle avait besoin de se remplir, d'ennuis, de pensées, de choses à faire, de gens à qui répondre. Je pensais tout le temps au prix de l'angoisse, elle s'agitait tout le temps, à celui d'une joie apparente qui m'exaspérait, avec peut-être une pointe de jalousie, sans doute. Chaque week-end, je rentrais pour endosser mon rôle de censeur et essayer de recadrer l'une, l'autre, ou les deux. J'interrompais les messes basses et les regards complices. Au milieu de tout ça, il y avait Yonah, mignonne petite fille à sauver du trou. Je faisais le sale type, fort de ma capacité d'analyse psychologique en progrès et de ma carrure plus imposante, tenu de contrôler, décrypter, gronder. C'était pénible et épuisant. Heureusement que j'avais la nuit pour aller prendre l'air dans le hangar des canards...

L'humour m'a toujours sauvé : rions puisqu'on n'en sortira pas vivants ! Ce qui me donnait du coup l'apparence du mec détendu à la fac, retrouvée avec plaisir en rentrant de Sigournais, un peu comme on arrive en vacances. Vivre avec Louis égayait le quotidien de la semaine. On se faisait des petits repas, on invitait les copains, et le samedi soir, l'espace de quelques minutes en pleine rigolade, j'en oubliais parfois que je n'étais pas comme eux, qu'ils ne savaient rien de moi, Louis un peu plus mais vraiment pas tout. Je faisais partie de ces étudiants obligés de travailler pour s'assumer, mais il y en avait tant d'autres.

Avec les filles, je n'avais plus aucun problème. Physiquement, je plaisais, je savais draguer, parler, raisonner un peu, et surtout dire aux filles ce qu'elles avaient envie d'entendre. J'étais capable de correspondre à leurs attentes, comme d'habitude. Je m'appliquais lors d'un ou deux verres, avant de réaliser : « C'est dégueulasse… Quand on part après avoir été tout ce que l'autre attendait, il perd tout, alors qu'on a triché. C'est lâche… » Et je savais que je partirai parce que très vite se poserait la question de l'argent de façon indirecte : « Tu vas où en vacances ? », « Et ta mère, elle fait quoi ? », « Tu rentres encore chez ta mère ce week-end ? ». Le plus drôle, c'était que je passais pour un fils à maman auprès des filles que je côtoyais. Et avec les SMS à minuit pour les canards, qui subitement changeaient mes plans en me donnant un large sourire, je passais pour le mec qui a une maîtresse ou une vie louche. Je ne pouvais pas dire que je faisais les canards ! Il m'est arrivé, dans mon hangar à minuit, de recevoir le message d'une fille, à qui je devais répondre : « Je ne peux pas te répondre, je bosse. » Je passais pour un gros menteur, à moins d'être videur de boîte de nuit. Du coup, je ne passais pas le cap de « coucher », pour ne pas passer à l'intimité et dévoiler qui j'étais. Durant longtemps, je ne me suis jamais senti assez bien avec quelqu'un pour ça.

Et puis en février de la deuxième année, j'ai vu arriver une fille à la salle de sport…

Chapitre 8

Elle s'appelait Manon ! J'ai tout de suite remarqué cette nouvelle à la salle, une brune aux yeux verts à la beauté atypique. Son air clean me faisait l'imaginer en droit ou école de commerce. On a échangé quelques mots, puis un peu plus. Elle avait un large sourire, un contact chaleureux. Après quelques semaines, on a décidé de prendre un café à l'extérieur. Moi qui ne cherchais pas à être en couple et refusais toute histoire bateau, qui me disais « Ce sera une fille surprenante sinon personne », j'ai été servi : impossible de la cerner !

Bien sûr, quand je l'ai vue arriver élégante, avec un beau sac à main, des bijoux, je l'ai rangée tout de suite dans la « classe moyenne + », qui n'a jamais manqué. Mais nous n'avons pas eu du tout la conversation attendue entre gens qui se draguent. Le processus normal de la rencontre, c'est en phase 1 : « Je mets en avant tout ce que j'ai de mieux », en 2 : « J'essaie de marquer des points », en 3 : « J'ai droit à la conclusion ». Là, en deux ou trois heures que je n'ai pas vues passer au café, on a parlé de tout sauf de nos super qualités :

on a parlé… de la peine de mort! Étudiante en deuxième année de droit, elle avait dix-neuf ans comme moi, et un avis mûri et étayé de fille qui a réfléchi. Ce qu'elle me disait me remuait, me demandait de la concentration. C'était un échange nourri, pas du blabla dont il ne reste rien. Humainement aussi, elle était déroutante. Du peu que j'ai lâché de ma bio express, elle a eu des réactions inhabituelles. Par exemple, quand je lui ai dit que mon père était mort, au lieu de souffler comme tout le monde « Oh, désolée », elle m'a répondu : « Oh ! Et ça va, ta mère ? ». Elle était dans l'autre, pas là où on l'attendait. Elle était là où, en fait, on ne trouve pas grand monde…

Quand on s'est quittés, j'étais sonné. Je me suis dit : « Elle, ça ne va pas être une simple amie… ». Je ne crois pas trop au coup de foudre tombé du ciel. Ce qui vous fait tomber amoureux, c'est un cheminement de pensée. Et j'aimais beaucoup le sien…

Comme elle sortait d'une histoire, il n'y avait aucune urgence à se précipiter. Il y avait surtout à mettre en place une solide stratégie pour que cette fille tellement au-dessus de mes critères s'intéresse à moi.

De temps en temps, on prenait des cafés. Nous parlions de plus en plus à la salle en poussant de la fonte. Les gars me chambraient :

– Alors, alors ?

Alors pour moi, conclure n'était pas la priorité numéro un, ce n'était pas si simple… Je devais, comme toujours, cacher soigneusement ma précarité, cerner mieux à qui j'avais affaire, voir si le risque de parler de moi valait le coup. En lui lâchant sobrement ma mère seule, avec sa vie modeste et mes deux sœurs, elle n'a pas écarquillé les yeux en s'écriant « Oh la vache, c'est dur ! ». Pour une fois, la réalité de ma vie ne barrait pas radicalement le projet. Il fallait voir... Ma chance dans un premier temps, c'était que ma coloc avec Louis et Alexane pouvait me faire passer pour un étudiant normal. Quand je l'ai invitée à prendre le thé chez nous, je les ai prévenus :

– Cette fille me plaît vraiment, elle est super, alors faites pas les cons !

Ils ont été parfaits. Quand Manon est repartie, elle avait l'air sensible à mon charme. Mais je flippais. Il allait falloir la gâter. Comment m'y prendre ?

Je me suis dit : « Mérite cette fille, débrouille-toi ! Tu ne peux pas lui offrir les meilleures vacances ? Offre-lui les meilleures discussions. Tu ne peux pas lui offrir les meilleurs restaus ? Deviens le meilleur cuisinier. Tu ne peux pas lui offrir le meilleur cadeau ? Deviens le meilleur masseur ! ». Et j'ai enchaîné les tutos. J'ai résisté à l'autosabotage qui aurait consisté à ne pas prendre ce qui m'était offert, à la lâcheté qui aurait consisté à préférer rompre pour ne pas avoir mal plus tard, à la facilité de prendre la fuite par peur des conséquences.

J'ai commencé par l'opération dîner. J'ai dit à Louis et Alexane :

– Soyez sympas, faites-vous un cinoche et surtout, rentrez tard !

J'ai regardé trente émissions de Masterchef. Je me suis décidé pour un poulet basquaise et une tarte Tatin en dessert. Je voulais l'éblouir. J'étais mort de trac, mais je me suis dit : sois comme d'habitude, présente bien, habille-toi clean, soigne la cuisine, elle n'aura aucune raison de deviner d'où tu viens.

C'était une belle soirée. Manon a adoré ce que j'avais préparé. Elle voyait le mal que je m'étais donné. C'est ce soir-là que notre histoire a vraiment commencé.

Ma chambre était toujours en ordre, adepte que j'étais de la phrase du psychologue canadien Jordan Peterson : « Avant de chercher à changer le monde, range ta chambre et fais ton lit ! ». J'avais planqué tous les trucs de pauvres de la maison, en mettant tous les produits discount, comme les céréales dans des contenants neutres en prévision d'un éventuel petit-déjeuner.

Je la rendais heureuse, c'était obligé. Je faisais tout ce que j'avais dit, le fiancé idéal. Manon est venue dîner de plus en plus souvent à la coloc, s'entendant super bien avec Louis et Alexane, dormant avec moi. J'étais heureux. Vigilant mais heureux. Manon, elle, s'abandonnait au bonheur… Surprise de mes égards parce que tous les mecs de vingt ans n'étaient pas sur ce modèle, mais abandonnée tout de même. Un soir où elle devait dîner avec ses amis, faute de pouvoir les suivre au restaurant en l'invitant, ce qui était la moindre des choses, je lui ai proposé :

– Invite-les donc à dîner ici… ça me fera plaisir.

Entre deux révisions et cours particuliers à mes petits élèves, je me suis lancé dans la confection minutieuse du dîner que j'ai choisi le plus esthétique possible, et au coût le plus modique possible : un dîner sushis-makis-californias. Dix heures de tutos ! Je les ai scotchés. Scotchés mais...

Tous étaient étudiants en école de commerce, marketing, médecine ou école d'ingénieur, Nantais bourgeois ou de la « classe moyenne + ». Les trois quarts avaient acheté leur appart, je veux dire que leurs parents leur avaient acheté leur appart. Leurs problèmes n'étaient pas les miens. Les conversations tournaient autour de vacances, de soleil, de piscines, de restaus à tester ou de week-ends à cinq cents euros. Au début, je ne me sentais pas à l'aise avec eux. Je me sentais scanné, analysé comme celui qui ne fait pas partie de la bande, en passage de test pour savoir si j'allais mériter le tampon ou non. Certains me soupçonnaient d'être un peu friqué, à cause de mon apparence classique, et disaient à Manon :

– Il est d'une famille hyper bourge, Roman, non ?

Elle restait évasive. L'une de ses copines cherchait l'erreur en m'interrogeant :

– Mais t'étais où, au lycée, dans Nantes... en fait ?!

Parce qu'au sein même de Nantes il y a des questions de quartiers, plus ou moins cotés, et tel lycée trahissait telle origine. Je répondais « à la campagne », ce qui avait le mérite d'éteindre la conversation. Certains me jugeaient froid et prétentieux alors que j'étais juste pudique et honteux. D'autres disaient à Manon : « Méfie-toi... Il cache un truc, ce mec, il est trop parfait... » Pour un peu, ils auraient pensé que j'étais pédophile.

Mais ils n'avaient pas tort, je cachais quelque chose, j'étais trop parfait. Et je comptais bien le rester aussi longtemps que possible.

Plusieurs soirs par semaine, Manon, qui habitait toujours chez ses parents, dormait à la maison, traitée comme une princesse. Tout était harmonieux entre nous, même le travail, parce qu'elle se donnait autant que moi. Elle bossait son droit dans le salon, moi ma psycho dans ma chambre. On s'interrompait pour un repas délicieux. Elle se levait tôt comme moi, ne se couchait pas trop tard, n'avait pas envie de boire des verres jusqu'au bout de la nuit. Il n'y avait rien de futile en elle, et en même temps elle était gaie et on rigolait bien.

J'ai fini par avoir suffisamment confiance en elle pour lui dire que je donnais des petits cours pour «arrondir» mes fins de mois, une bonne raison pour lui faire un double des clés afin qu'elle m'attende quand je n'étais pas encore rentré. J'avais peur de la perdre, comme peur qu'elle se doute de l'ampleur du problème. Un matin, en m'embrassant avant de partir en cours, elle m'a soufflé :

– Tout est tellement génial... C'est quoi, ton problème?

Elle soupçonnait que mon problème soit niché dans le week-end. Je rentrais systématiquement à Sigournais, ce qui la décevait un peu, à force de samedis soir manqués :

– Mais c'est le seul jour où tu peux rester avec ta copine! C'est quand même dingue d'aller chez ta mère à chaque fois... Tout ça pour laver ton linge!

C'était l'argument officiel que j'avais trouvé pour couvrir les canards et le bordel ambiant, sauf qu'il me faisait vraiment passer pour un mec immature!

Je n'étais pas de trop à Sigournais, quand je déboulais pour parler à ma mère qui fréquentait un repris de justice.

J'étais furieux parce que le seul truc que ma mère avait de clean, c'était son casier judiciaire. Aurait plus manqué qu'elle tombe pour l'embrouille de quelqu'un d'autre, avec mes sœurs à charge, les services sociaux sur le dos, j'envisageais le pire ! Je lui faisais la leçon :

– Maman, arrête de forcer le destin ! Surtout...

– Fous-moi la paix.

Pour l'avoir, elle ne me dirait plus rien. Quand je lui demandais comment ça se passait, elle s'est mise à me répondre :

– Ça te regarde pas !

Je m'expliquais :

– Tu dois me parler... J'ai peur que tu tombes sur un taré... Avec Morgane et Yonah, en plus !

– Mais le monde n'est pas fait que de méchants, Roman !

– Pas que. Mais il est fait AUSSI de méchants !

C'était des dialogues de sourds.

Il y a eu un type qui ne venait que le week-end, ce qui surprenait beaucoup ma mère :

– Je comprends pas...

– C'est parce qu'il est marié, Maman.

– Tu vois tout en noir, merde à la fin !

Et elle continuait tête baissée dans son histoire cousue de fil blanc et écrite d'avance pour aller droit dans le mur. Jusqu'à ce que j'aie raison, et au suivant ! Ensuite, j'allais faire les canards, je gagnais cinquante euros, et je voyais que Morgane en claquait vingt au McDo parce qu'une heure occupée à manger un Big Mac repousse l'angoisse, avant le shopping de *broll's* qui repousse d'une heure encore, etc. À cette époque-là pourtant, elle a glissé au milieu de sa fuite des activités qui prouvaient sa maturité naissante. Elle a commencé à faire des baby-sittings pour assurer un peu, mais j'étais incapable de m'en rendre compte tellement elle affichait un air désinvolte. Plus elle était légère, plus je me sentais lourd, tellement lourd, lourd parce que « chiant » mais surtout lourd de responsabilités et d'anxiété. Je l'engueulais, elle m'engueulait, on s'engueulait, chacun campant sur sa position pour gérer son angoisse, sauf qu'elle ne reconnaissait pas encore la sienne. J'avais envie de vivre ma vie et j'étais obligé de rentrer faire de la gestion émotionnelle, je n'en pouvais plus !

Je revenais à Nantes en affichant le sourire serein du gars qui rentre de chez Maman avec son linge propre. Je faisais croire à Manon que j'avais passé un bon week-end. Est-ce que j'avais le choix ?

Les présentations aux parents de Manon ne m'ont pas encouragé à me presser de me démasquer. Ce n'est pas que ce n'était pas sympathique. Au contraire. Ça l'était trop ! Ils habitaient une maison dans un bon quartier du nord de Nantes, très bien décorée mais pas show-off, avec des beaux meubles, du goût. Chaque objet était à sa place quand chez ma mère, c'était le bordel avec des placards qui dégueulaient. J'ai rencontré le frère de Manon, Léo, cinq ans de moins, un ouragan super bien dans sa tête et archi sain, passionné de voile, qui naviguait avec leur père, il en ferait son métier. Il y avait aussi Léna, deux ans de moins, une hypokhâgneuse qui voulait faire Sciences Po. C'était Manon en blonde, et en plus réservée. La mère de Manon bossait dans un univers feutré, la promotion d'hôtels, sa personnalité en semblait imprégnée. Elle était solaire, chaleureuse, avec une classe qui me montrait d'où Manon tenait la sienne. Elle savait accueillir, faire tout bien au bon moment, en attendant le retour du père. Il est arrivé en costume-cravate du cabinet d'architecte où il travaillait, à la fois protecteur et souriant, avec une autorité naturelle. L'archétype du père de la copine tel que l'on peut le redouter parce qu'il va mesurer si vous êtes digne de sa fille. À table, ils ont tout fait pour me mettre à l'aise, volubiles, agréables. On voyait une famille qui fonctionnait bien, jusqu'aux chats, parfaits, très impliqués dans la douceur familiale. On a mangé un dahl de lentilles corail au lait de coco, genre de curry indien délicieux, et quand ils m'ont demandé entre deux bouchées :

– Ils font quoi, tes parents ?

J'ai répondu :

– Vous pourriez me passer le sel, s'il vous plaît ?

Ou quelque chose dans ce goût-là. Ils ont eu l'élégance de ne pas insister. J'avais honte de la vérité, peur d'être évalué, même si je ne ressentais rien de tel de leur part. Ils plaisantaient, riaient, tout était génial. En sortant du repas, je me répétais : « Mais comment je vais offrir à Manon cette vie-là ?... »

La première nuit chez eux, j'ai vomi tout ce que je pouvais. Est-ce que c'était en lien avec l'angoisse, je ne sais pas, mais sa mère s'est confondue en excuses, s'accusant de m'avoir rendu malade. C'était l'horreur. Je jurais que c'était délicieux, que j'avais adoré le dahl de lentilles, qui n'y était pour rien, et elle non plus. Le lendemain, elle m'a pourtant assuré que je serais toujours le bienvenu. Et c'est devenu vrai. Je me suis mis à aller régulièrement chez eux et je me sentais heureux, dans une vie normale, une famille normale. Ils allaient devenir pour moi beaucoup plus que des beaux-parents : des beaux parents.

Naturellement, au bout de six mois, Manon bouillonnait de venir à Sigournais. Elle m'entendait appeler ma mère, parler à Morgane, à Yonah, elle me voyait partir tous les week-ends, et je ne l'invitais jamais alors que ses parents m'offraient l'hospitalité à la demande. Manon ne pouvait pas deviner ce que Morgane m'annonçait au téléphone :

– Alors je t'explique, Maman a rencontré ce type, je sais pas si je suis parano, mais il faisait la cuisine près de Maman, avec un couteau, et à un moment, ils se sont embrouillés et il a dit à Maman « Je vais te tuer » en agitant le couteau…

Je me vidais de mon sang :

– Passe-moi Maman !

J'essayais de remettre la tête de ma mère à l'endroit :

– Je sais bien que tout le monde n'est pas méchant, mais ce type avec un couteau, tu ne vas pas me dire qu'il te veut du bien ? C'est qui, ce taré ?

Ça se finissait en bredouillements et en promesses de ma mère que ça allait s'arranger. Quand je revenais au salon, Manon me demandait :

– Tout va bien ?

– Super ! je répondais.

– Bon, alors tu me les présentes quand ?

Est venu le moment où je ne pouvais plus reculer. J'ai cherché le moyen de lui présenter ma famille sans qu'on aille à la maison, un genre d'entre-deux pour gagner du temps. J'ai opté pour une rencontre dans un café de Nantes, présentant les choses à ma mère sous l'angle « Ça vous fera une sortie ». C'était vrai, ma mère et mes sœurs adoraient que je les invite à manger une glace en terrasse en ville quand je pouvais me le permettre. C'était rare, un vrai jour de fête. Je pensais éviter la catastrophe et m'en tirer à bon compte pour les six mois à venir. Mais les choses ne se sont pas passées comme prévu.

Ma mère est arrivée bien habillée, Morgane souriante et Yonah mignonnette, le trio passait tout à fait bien. Mais au milieu de la rencontre, Morgane nous a fait du grand Drama Queen, portable pourri en mains, et elle s'est écroulée en larmes : l'homme de sa vie l'avait quittée ! J'étais blasé d'en avoir déjà connu cinq ou six. Ma mère avait l'air très au courant de l'histoire, plus qu'une mère, Yonah avait l'air très habituée, et moi j'étais horriblement gêné. Manon, douce et attentive, se montrait sincèrement touchée par ce drame parce que c'était le premier qu'elle voyait et que ma sœur témoignait d'une émotivité qui est aussi une vraie qualité humaine. Morgane a séché ses larmes. Passé cet épisode, tout a tenu à peu près, avec la bonne humeur familiale en étendard, qui aurait conquis les cœurs les plus arides :

– Venez quand vous voulez en week-end, Manon, ça me fera plaisir ! a lancé ma mère.

Oui… Mais non.

L'après-midi s'est poursuivie sans encombre, moi craignant la gaffe, le truc qui dépasse, mais toujours pas. En les regardant partir après avoir dit au revoir, Manon tout sourire m'a lancé :

– Mais elles sont super ! Pourquoi tu ne me les as pas présentées plus tôt ? Alors on y va le week-end prochain ? Trop bien !

Toute ma stratégie était par terre !

Manon n'a pas manqué de dire à ses parents que ma famille était vraiment géniale et qu'elle était trop heureuse d'y aller en week-end. Moi, j'en étais malade.

J'ai briefé ma mère avant notre arrivée à Sigournais. Je l'ai suppliée de n'inviter personne, ni couteau, ni voiture volée, ni copine à la ramasse. Elle écoutait scrupuleusement, prenant les choses très au sérieux. Pendant toute la semaine qui a précédé, elle a taillé la haie, passé la tondeuse, briqué la maison, posé des questions sur ce que Manon aimait et n'aimait pas, et comment je préférais qu'elle s'habille. C'était gentil, mais ça ne ferait pas tout.

La veille du départ à Sigournais où nous emmenait Dylan, je me suis dit : « Roman, profite, dors une dernière fois avec Manon, et c'est terminé ! ».

Quand on est arrivés, à vrai dire, je n'ai pas reconnu la maison ! Du moins au premier regard. La table était dressée, tout était rangé ou presque, les meubles au cordeau. Mais il y a des choses qui ne trompaient pas, la peinture qui s'effritait au mur, l'énorme poster qui masquait le mur décrépi de ma chambre, laissée habituellement à ma mère et qu'elle nous avait préparée, un immense coucher de soleil taille horizon, l'électroménager pourri qu'on voyait depuis la chaise, même si j'avais offert à ma mère une gazinière pro en métal brossé en super promo. J'avais fait ce que j'avais pu, ma mère au centuple, mais pour moi, c'était sûr, Manon allait se barrer dans l'heure.

Notre maman magicienne avait préparé un excellent repas, acheté du monbazillac à au moins dix euros parce que j'avais glissé que Manon aimait le bon vin. Elle s'était surpassée. Manon rigolait comme pas possible aux blagues de Morgane qui faisait le clown, multipliant les private jokes en jugeant inutile de tricher davantage :

– Y a pas de raviolis, aujourd'hui ? Quel dommage ! clamait Morgane.

Yonah éclatait de rire, Maman souriait gentiment. Je décryptais pour Manon notre « passion » pour les raviolis Eco+ quand on était « un peu » raides, et Manon se marrait de bon cœur. Avant qu'on aille dormir, Morgane a ajouté :

– Et demain matin, pas de bol, y a pas de sachet de croissants pour le petit-déjeuner !

Immédiatement, une complicité s'est créée entre Manon et ma mère. Manon a tout de suite fait plus que l'aimer, elle l'a respectée. Elle réalisait le mérite d'une femme qui fait tout toute seule, travaille et élève ses enfants, veuve sans soutien aucun, avec très peu d'argent. Elle ignorait l'existence des boulets mâles que notre mère s'attachait pardessus, ce n'était pas nécessaire. Elle ignorait aussi l'ampleur de la dèche au-delà de ce qu'elle voyait, les « plans canards », le passif World of Warcraft paternel, les huissiers. Je voulais qu'elle ignore tout, le plus longtemps possible. J'avais bien briefé notre mère pour qu'elle en dise le moins possible sur notre degré de précarité, sans qu'elle puisse soupçonner l'ampleur de ma honte, je ne voulais pas lui faire de peine non plus. Elle a parlé très joyeusement avec Manon, comme n'importe quelle maman sympa qui mène une vie modeste, mais pas dramatique. Ma mère ne mesurait pas le fossé qui séparait son foyer de celui des parents de Manon, et heureusement. Elle estimait parfaitement naturel que je sois avec une fille aussi formidable, et même, je le méritais ! En un sens, elle n'avait pas tort. Sur le plan affectif, on n'avait manqué de rien. Nous étions des bourgeois de l'amour. On aurait même fait des envieux.

Manon n'a fait aucun commentaire. Sur rien. Ni pendant, ni après. Elle n'a posé aucune question. D'un côté, ça m'arrangeait, de l'autre, je le regrettais quand je ne pouvais que la décevoir, en refusant un week-end de plus, et pire encore en disparaissant à Sigournais tout l'été comme dans un trou noir à la fin de ma deuxième année. Elle a soufflé gentiment :

– Mais c'est dommage, quand même, qu'on ne parte pas du tout en vacances… Surtout que t'as fini l'année dans le top 5 comme tu voulais, t'as bossé comme un fou…

– Pas cette année, désolé… Je préfère passer un peu de temps avec ma mère et mes sœurs.

J'avais envie de crier : « Je préfère la mer aux canards, et même au château, imagine ! ». Mais je ne voulais surtout pas qu'elle imagine. Dès qu'un truc dépassait, j'en étais malade. Pas question pour autant de fuir l'aubaine de cumuler cette année-là encore les deux jobs. Pour gagner de l'argent, j'étais plus motivé que jamais. Je venais de lâcher toutes mes économies pour payer mon permis de conduire, une princesse méritant un chauffeur le jour où je pourrais acheter un carrosse. À l'école de conduite, j'avais payé mon forfait cash en petites coupures et je me souviendrais toujours de la tête du type qui a pris les billets… Il m'a pris pour un dealer en col blanc ! Je voulais aussi pouvoir gâter Manon parce que l'amour, ce n'est pas gratuit. Elle a compris que je travaillais « un peu », et même de temps en temps la nuit. Sans me faire de scène pour en savoir plus. De temps en temps pendant l'été, on s'est vu dans un bel endroit de Nantes qu'elle me faisait découvrir, ou à la plage de Pornic pour un pique-nique. J'ai même pu lui offrir une bague Swarovski qui brille, tans pis si c'était un peu cher, mais les filles, ça a besoin de rêver.

Je donnais si bien le change que Manon a à peine compris pourquoi je prenais un studio minable dans un quartier pourri à la rentrée de ma troisième année. La colocation avec Louis et Alexane prenait fin avec le départ de Louis pour Lyon où il intégrait une école d'ingénieur. Manon tentait de m'éclairer :

– Tu pourrais prendre mieux, non ? Pourquoi tu le prends si déjà t'aimes pas ?

Je refusais de retourner au CROUS, et je ne pouvais pas lui expliquer que mon « critère », c'était un propriétaire pas regardant, qui n'exigeait ni caution, ni garant. Qui ne verrait pas non plus que ma mère avait trafiqué ses fiches de paie pour que je décroche cette perle moisie sur Leboncoin. Rien ne fonctionnait, les murs tombaient, le quartier craignait, même pour les putes. Quelques mois plus tard, Manon et moi nous sommes faits voler toutes nos affaires sur le pas de la porte en cinq minutes. Le voleur a emporté son Code civil, auquel il aurait dû préférer le pénal, ma paire de chaussures en cuir et mon ordinateur. J'étais désespéré, parce que j'y avais mes cours, rattrapables, mais aussi plein de vieilles photos de famille, notamment avec mon père, dont je n'avais aucune sauvegarde. En même temps, Manon me faisait remarquer que plus ça allait, plus je prenais mes notes à la main pendant les cours parce que le Toshiba hors d'âge de mon père s'éteignait d'un coup et mettait trop de temps à se rallumer. Plusieurs fois, il avait calé net en plein exposé devant tout l'amphi. Du coup, j'empruntais souvent celui d'un copain pour les présentations.

Je me suis racheté un ordinateur à cinquante euros, toujours sur Leboncoin. Il durerait six mois, avant un HP payé trois cents euros grâce à l'aide de Livine, ma providentielle marraine à qui je confiais « un petit besoin momentané » en cas d'extrême nécessité. En fin de vie au bout d'un an et demi, l'écran du HP, désolidarisé par le coup de pied d'un passager du bus, tiendrait avec du scotch. Il ferait encore quelques mois. Je vivais avec les ordinateurs ce que j'avais vécu avec les voitures des parents. Dans la précarité, on achète des « merdes » à répétition, pour le prix du neuf au bout du compte. Sauf qu'on ne peut pas se l'offrir ou qu'on redoute la dépense parce qu'on ne sait pas de quoi demain sera fait. Le « bénéfice » de l'équipement pourri, c'est d'ajouter la panne à l'angoisse, l'angoisse à la réparation, et de vivre mal avec du mauvais matériel au long cours.

Un jour, Manon m'a dit en riant :

– Tu as vu, les Gallaghers ? Ça me fait penser à ta famille…

J'ai regardé les Gallaghers, nom de famille des héros d'une série irlandaise. Ils sont vraiment sympas, des bons pauvres avec le père alcoolique mais la maison très propre. Chez eux, on rit beaucoup. Ils sont les rois de la débrouille, font des petites missions à droite à gauche. Mais je me rendais compte que la série fascinait parce que la pauvreté était un monde fascinant et j'avais envie de dire : « Allez à Sigournais, c'est pas drôle, et moi ça me gêne de vous fasciner ! » Manon, elle a compris sans rien demander, en me regardant vivre.

En troisième année, j'ai navigué chargé comme un mulet de mon studio miteux éloigné de la fac à la salle de sport, avec un sac de cours sur une épaule, un sac de sport sur l'autre, et j'ai changé beaucoup de choses à ma vie, pour Manon et grâce à elle. Comme elle, je rêvais d'avoir mon samedi soir. Il m'a semblé temps que je vive un peu pour moi. J'ai décidé de ne plus rentrer systématiquement à Sigournais. C'était aussi un constat d'échec : quoique je dise, quoique je fasse à la maison, les choses ne changeaient pas. J'ai aussi décidé de passer à une phase plus « pro » pour gagner de l'argent, ce que permettait la libération des week-ends. Les cours particuliers que j'ai commencé de donner à onze ans ne s'enchaînaient jamais assez pour me donner de quoi vivre. Les « plans canards » commencés à quatorze ans m'obligeaient à rentrer à Sigournais. J'ai pensé spontanément aller travailler au McDo. C'est Manon qui m'a réorienté :

– Tu mérites mieux, quand même ! Tu présentes bien, tu parles bien…

Manon m'a énormément tiré vers le haut. Elle, elle ne me voyait pas dans la peau du moustique, mais du gars solide que j'étais devenu, avec une vraie carrure, bientôt licencié en psycho. Je lui dois l'audace d'avoir déposé des CV dans les enseignes qui me faisaient rêver, même si le « rêve » était fait pour bouffer : Sandro, Levi's, Crazy republic, mais aussi Colombus Café parce qu'il se disait qu'on y faisait un peu de service, un peu de muffins, dans une ambiance « *start-up nation* ». Le lendemain de ma journée de dépôt de CV dans chaque enseigne, j'étais pris dans neuf endroits sur dix. J'ai choisi le Colombus Café après m'être projeté devant des tee-shirts à cent euros que des ados achèteraient nonchalamment. Humainement, ce serait trop éprouvant. Les horaires du Colombus matchaient nickel avec mon emploi du temps, huit heures-douze heures les mardis et mercredis, dix-huit heures-vingt heures le vendredi, le samedi toute la journée. Je m'éclatais en cuisine avec deux étudiants en Erasmus, un Colombien et une Chinoise très sympas, malgré la cadence militaire exigée pour les muffins. On rigolait aussi peu que chez McDo certains jours… Mais en complétant mon revenu par quelques cours particuliers, je ramassais tout de même six cents euros par mois. Tous les mois, je mettais cent euros de côté pour pouvoir faire un voyage l'été suivant avec Manon, sans « plan canards ». Je le faisais encore une fois tous les trois mois. Je mesurais le coût de la vie en ville quand on a une vie sociale, j'aidais toujours ma mère comme je le pouvais, achetant pour mes sœurs quand il y avait besoin, cinq cents euros n'étaient pas de trop.

J'ai tout de même pu enfin prendre un abonnement chez Basic-Fit. Je m'y entraînais de vingt heures à vingt-deux heures le soir, seule tranche laissée libre dans mon nouveau planning, ce qui ne gênait pas Manon, au même rythme trépidant. Quand j'allais dormir avec elle les jeudis et vendredis, je pouvais apporter des fleurs ou une bouteille de vin à ses parents. Je découvrais des gens formidables.

J'ai parlé des mains tendues rencontrées sur mon parcours, mais eux, ce n'était pas la main mais carrément tout le corps qu'ils avaient de tendu ! Quand sa mère prenait un plat chez le traiteur et que je l'adorais, la fois suivante, elle prenait une barquette en plus pour que je la rapporte chez moi. Parfois, elle me prenait un panier de courses du marché. Ils m'aidaient inconditionnellement, me véhiculant quand j'avais un problème de timing, m'invitant au restaurant, m'offrant pour Noël ou mon anniversaire une belle chemise… Ils ont mis un peu de légèreté dans ma vie pas terrible de ces années-là. Ils nous laissaient les clés de leur petite maison sur la Côte de granit rose, où je me transformais en pêcheur breton contemplatif, comme du temps du lac de Sigournais quand je m'échappais de la maison pour reprendre mon souffle. Son père me confiait la voiture familiale quand j'étais en galère. Ils m'ont parfois prêté de l'argent quand j'avais besoin de faire la soudure entre deux rentrées. Et puis un été, ils sont partis en Corse dans la maison d'un ami, et ils m'ont proposé de venir :

– Prends ton billet, on s'occupera du reste.

J'ai passé les vacances de ma vie au bord d'une piscine à débordement, à vivre en vrai des instants que je n'aurais même pas rêvé. Ils aimaient vraiment les autres et à les voir vivre, je comprenais d'où venait chez Manon cette confiance qui a toujours fait mon admiration. Elle était comme eux, une « Madame Réseau », qui tisse des liens, va spontanément vers les gens, pense qu'il peut n'en arriver que le meilleur, sans avoir aucune naïveté pour autant.

Un week-end tous les mois et demi environ, nous allions à Sigournais. Je suivais le principe du week-end le plus médiatisé possible, beaucoup à l'extérieur, beaucoup chez des copains, pour que Manon ne s'attarde pas sur les murs qui s'effritent. Et évidemment, à force que Manon répète à ses parents que ma mère et mes sœurs étaient super, la mère de Manon a lancé :

– Ce serait sympa qu'elles viennent un dimanche…

– Euh…

J'avais envie de demander à Manon : « Mais tu ne lui as pas dit ? » Les murs qui s'effritent, le peu qu'elle savait… Ma mère, elle ne parlait pas d'art, elle n'avait aucune piscine en mémoire, à part une municipale et encore… J'ai coupé la poire en deux. On a commencé par inviter mes sœurs. J'ai briefé Morgane pour que dans les jours qui précèdent, elle ne quitte personne, ne sorte pas avec le frère de sa pire ennemie ou je ne sais quoi, qu'on passe un moment sans drama si possible. Ma sœur nous a raconté ses performances en gym, comme Yonah, nouvelle petite championne de course à pied à l'école. Elles ont parlé de leurs bonnes notes, de tout ce qui était valorisant. Elles ont aidé à table, ont demandé s'il y avait besoin d'aide, créant l'illusion d'une fratrie parfaite. Nous avons eu la chance d'être, vraiment, bien élevés.

Pour l'invitation de ma mère, j'ai retardé l'échéance aussi longtemps qu'il était poli. Et puis j'ai bien dû transmettre l'invitation en me disant : « C'est bon, Roman, cette fois, t'es cuit... » Le camouflage avait tenu un an environ, c'était déjà pas mal.

J'ai tellement briefé ma mère avant le jour J qu'elle m'envoyait en photo toutes ses tenues potentielles pour que je choisisse. Elle avait compris, maintenant, qu'elle n'était pas du même monde. Elle me demandait de quoi elle devait parler, pas parler. Elle avait peur de saboter ma vie, mon histoire... Elle savait que la famille de Manon était devenue une famille de substitution, qui faisait pour moi ce qu'elle n'avait jamais pu faire, mais qu'elle aurait bien aimé...

Elle est arrivée toute pimpante un dimanche midi avec un gros bouquet de fleurs.

Elle a été super.

J'ai senti de la part des parents ce même respect de Manon envers ma mère. Ils comprenaient ce qu'elle vivait, et ce n'était pas qu'intellectuel. Avec le temps, j'ai découvert que leurs origines n'étaient pas aussi dorées que j'avais pu le croire. Son père notamment avait connu des fins de mois difficiles. Il incarnait à mes yeux ce que j'appelle les réussites à la française, celles qui m'ont tellement attaché à la France, porté quand je cherchais l'espoir. Je ne crois pas pour autant que la valeur travail fasse tout et que « Dans la vie, on a ce qu'on mérite ». Beaucoup de gens n'ont pas mérité ce qu'ils ont ! Si les parents de Manon ne m'ont jamais jugé d'après mon milieu social, c'est parce qu'ils s'étaient faits tout seuls. Ils ne se disaient pas « les pauvres » en y pensant de loin, non. Avec le temps, ils se sont mis à offrir des cadeaux de Noël à mes sœurs. Ils étaient dans le concret.

C'est la confiance acquise lentement au long de deux années d'observation qui m'a fait tout raconter à Manon, la Belgique, l'élevage de chiens mythique, les cannes à pêche, World of Warcraft, la tombe paternelle sans pierre tombale, les canards, le château, les alcoolos et les paumés de notre mère anesthésiée par Andrea Bocelli, les feux de l'amour de Morgane pour se remplir et fuir l'angoisse, et la petite Yonah perdue là-dedans avec son bâton de majorette, ce qui me rendait malade…

Manon n'est pas tombée de l'armoire. Manon soupçonnait. Manon devinait. Manon envisageait. Mais délicate, Manon n'interrogeait pas. Pour ne pas remuer le couteau dans la plaie. Quand je dis qu'elle devinait, je veux dire par là qu'elle n'a pas exprimé sa surprise bruyamment. Mais elle me dirait plus tard : « Je ne pensais pas que c'était aussi grave. » Le premier hiver à Sigournais l'a marquée à cause du poêle qui nous obligeait à ouvrir la fenêtre toutes les dix minutes pour ne pas mourir asphyxiés. Tout le monde n'a pas connu ça.

La rage que je n'avais pas contre les nantis car je prenais sur moi, c'est Manon qui l'a prise à son compte. J'apprécierais quelques-uns de ses amis, parfois très bourgeois, en les découvrant séparément, en dehors du groupe. Mais quand on était en bande, Manon a commencé à lâcher des bombes pour casser les jérémiades autour de la semaine au soleil au bout du monde à huit cents euros ou même six cents :

– N'hésitez pas à inviter Roman, il n'est jamais parti en vacances !

Quand l'un râlait parce qu'on refusait la soirée où on claquerait cinquante euros sur un coin de table, elle coupait court :

– Non, désolés, Roman préfère que ses sœurs aient à bouffer…

Elle était acide parce qu'elle se mettait à réaliser ce qu'elle avait, ce que les autres avaient, la plainte que ça n'autorisait pas. Elle s'est mise à regarder de travers la fille qui pinaillait dans son plat à vingt-cinq euros en repoussant son assiette :

– Nan mais j'aime pas…

Son assiette, je l'aurais finie ! Moi je ne peux pas gâcher de la viande, c'est comme ça, quitte à la manger au petit-déjeuner. Pour moi, les choses ont une valeur en soi et un juste prix. Ces amis-là, Manon s'en est détachée petit à petit. Pas parce qu'ils étaient riches mais parce qu'ils avaient un rapport abstrait à l'argent, donc à la vie. Pour eux, rien n'avait de sens.

On s'est beaucoup appris, Manon et moi. Je crois lui avoir appris la tempérance, l'engrenage de la possession, le piège du désir insatiable. Elle, elle m'apprenait la dépense :

– C'est bon, Roman, tu peux te l'offrir ce Coca, t'es pas obligé de prendre un café !

Je n'y arrivais pas, je n'y arrive toujours pas… Elle était née dans un milieu qui la tirait vers la richesse et l'excellence, tout en ayant des chaînes qui la retenaient sur terre, que l'histoire de ses ancêtres ou la mienne incarnaient. Un genre de fille idéale, avec même le cœur assez grand pour tenter avec ma mère ce que j'avais tenté pendant des années :

– Vous ne pourriez pas déménager, Natacha ? Reprendre le secrétariat ? Retourner voir une assistante sociale ?

Tout était non. Non, parce que notre mère ne voulait pas entendre parler de changement, et encore moins de chômage ! Manon commençait à comprendre la mécanique qui maintenait ma mère dans la précarité, croisant la copine déglinguée venue prendre le café et me soufflant après :

– Non mais d'où elle la sort, celle-là ?

Ma mère avait le don de se rapprocher des boulets en amitié comme en amour, jusqu'à une femme « très bien » sur le papier, qui se paierait le culot de lui laisser provisoirement son débarras dans le garage et mettrait deux ans à le récupérer sans qu'elle ose s'en plaindre.

Mes premiers stages de psy à partir de la troisième année me confortaient dans mon choix de parcours et donnaient un sens à mon vécu. Je n'avais pas rêvé en décelant des failles dans ma famille. Elles auraient pu constituer des gouffres.

J'ai adoré le stage en EHPAD, plus tard en école primaire auprès d'enfants souffrant de troubles de la personnalité, et l'année de master en psychiatrie infantile. Beaucoup d'enfants que j'ai rencontrés sont nés dans des familles comme la mienne… Sauf qu'eux sont devenus fous. Je les regardais, les regarde encore, en me disant : « Si j'avais eu moins de chance, j'aurais été cet enfant-là. » Ça m'a fait du bien de voir que tout s'explique, suit des logiques internes, et que j'allais pouvoir ne pas reproduire ça. Notre mère me disait souvent : « Roman, tu penses trop. » Heureusement qu'elle avait Morgane qui, elle, lâchait, la rassurant un peu. C'est comme ça que la vie à Sigournais a tenu alors que je prenais de la distance, avec notre mère calée entre Morgane et moi, Yonah en mixte de nous deux, mature comme moi, joyeuse comme Morgane, angoissée comme nous deux, chacun à notre manière.

Grâce à Manon, j'ai osé cet été-là partir en vacances, une première. Deux mois ! J'avais économisé toute l'année pour partir en Suède en woofing, c'est-à-dire nourris logés en échange de travaux de permaculture, plantation ou construction, dans un environnement totalement sauvage. Nous avons mis en place un système de photos partagées par internet pour ma mère et mes sœurs. Elles vivaient un rêve par procuration. Ma mère était heureuse de notre bonheur. Elle savait que si je n'avais pas rencontré Manon, je serais peut-être devenu un chercheur célibataire. Au lieu de ça, Manon avait tout mis en place pour qu'à la rentrée nous entamions une belle année de bonheur conjugal.

Chapitre 9

Mes deux années de master s'annonçaient comme une embellie puisque je vivais en couple pour la première fois, dans un nouvel appartement trouvé par Manon. Nous resterions deux ans dans ce cocon que nous devions à son fameux « réseau » : quarante-cinq mètres carrés à dix minutes à pied du centre-ville, avec murs en pierre et poutres apparentes, que venait de lâcher l'une de ses amies. Je découvrais que la vie connectée aux autres était décidément mieux que seul dans son coin ! C'était au cinquième étage sans ascenseur, avec la machine à laver gratuite trouvée sur Facebook Marketplace, à monter à pied, mais rien ne nous pesait ! Les parents de Manon nous ont donné beaucoup de choses, Leboncoin a fait le reste. Le loyer était de sept cents euros par mois à deux, soit le montant de ma chambre pourrie pour une qualité de vie incomparable. À partir de cette année-là, la charge de travail universitaire m'a empêché de prendre un job en intérim et je me suis appliqué à trouver des stages rémunérés chaque année, à quoi j'ajoutais quelques cours particuliers et le tutorat d'étudiants souffrant de handicap.

Je pouvais compter sur deux à quatre cents euros par mois, gagnés avec des compétences plus intellectuelles que celles mobilisées par les muffins. Malheureusement, à chaque fois que je me suis vu régler un problème, j'en ai toujours vu un autre surgir…

Penser à ma vie restait impossible tant que mes sœurs n'étaient pas sorties d'affaire, et nous en étions loin. Notre mère s'est mise à galérer encore plus que d'habitude pour trouver des missions qui s'enchaînent, peut-être parce qu'elle approchait de la cinquantaine. Son comportement sentimental m'atterrait invariablement, au point de m'en détacher autant que possible. C'est terrible à dire, mais pour elle je n'avais plus d'espoir. Elle ne trouvait que des types qui passaient du bouquet de fleurs à la violence verbale, quand la physique ne menaçait pas. Et encore, le bouquet de fleurs, c'était pas à chaque fois ! À chaque rencontre le processus était le même. Elle faisait des plans d'avenir, envisageait l'emménagement, le conte de fées, tout tombait par terre, et la rencontre suivante bénéficiait de la soif de projets qui n'avait pas été étanchée dans la précédente. Quand elle m'assurait que le dernier en date n'était ni vulgaire ni dans l'illégalité pour subsister, il suffisait que je me pointe pour que le type ait une kermesse. Ils avaient peur de moi. Ils savaient que je les démasquerais, ce que Morgane savait faire aussi, lucide pour les autres. Elle ne manquait pas de me faire un rapport quand elle l'estimait utile. Ma limite absolue, c'est quand j'apprenais que l'un d'eux avait lancé à notre mère en croisant mes sœurs en pyjama :

– Ben dis donc, elles sont mignonnes, les p'tites... Faudrait pas qu'elles se baladent trop comme ça, hahaha.

J'avais envie de vomir, quand j'entendais ça... Comment notre mère pouvait tolérer une attitude pareille sans voir qu'en plus du danger éventuel elle se dévalorisait elle-même ? Elle finissait par rompre, bien sûr. Jusqu'au suivant. Chaque fois, elle se donnait dans tous les sens du terme, s'usait, les gâtait.

Ma vie avec Manon, l'exemple de ses parents, tout me montrait que le couple, ce n'était pas ça, qu'on pouvait choisir sa vie personnelle à défaut de sa classe sociale. Pourquoi notre mère s'enferrait-elle dans des histoires condamnées d'avance ? Chaque fois que je venais à Sigournais avec Manon, je repartais abattu de l'éternelle répétition. La seule aide que je pouvais encore apporter était matérielle, histoire d'améliorer un peu le quotidien. J'aidais comme je pouvais, payant une facture, des Nike pour Morgane ou une sortie pour Yonah. Je me souviens l'avoir emmenée à Paris pour l'anniversaire de ses neuf ou dix ans, toute seule avec Manon et moi. C'était son rêve. Elle en a pleuré. Je n'y étais pas allé moi-même depuis la sixième, lors d'un voyage scolaire, parce que Paris fait peur. Vue de la précarité, c'est une destination de riche. On a joué aux touristes : tour Eiffel, achat de sa miniature en souvenir, Louvre. On y est restés quatre heures ! Nous avons dormi chez Sébastien, désormais en master de droit public. Je voulais offrir à Yonah un horizon, incarner pour elle comme pour Morgane le modèle qui ouvrait sur autre chose qu'un destin condamné, un peu de rêve. C'est à l'occasion de ce voyage que j'ai découvert que

Yonah n'avait même pas de carte d'identité! Encore une question d'argent. Étant belge, il fallait se rendre pour la faire au consulat de Belgique, payer le train, payer les cinquante euros pour avoir la carte, en semaine puisque c'était fermé le week-end. Notre mère ne pouvait pas se lancer là-dedans. J'ai trimballé Yonah la peur au ventre, sans papiers, comme une enfant trouvée à qui l'identité était symboliquement interdite.

Morgane commençait à faire des efforts très réguliers pour gagner de l'argent pendant l'année, des baby-sittings ou la plonge dans un restau. À la fin de sa première, elle a pris la sage résolution d'aller faire la saison d'été au camping. Moi, pendant trois mois, quarante-sept heures par semaine, j'ai travaillé au rayon fitness et alimentation de Decathlon, de quoi affronter le master 2. Je ne l'ai pas félicitée ou encouragée comme j'aurais dû le faire parce que je n'étais pas conscient qu'elle commençait à faire sa part. Je le regrette aujourd'hui. C'est qu'elle affichait une telle insouciance et que moi j'étais tellement fatigué de devoir vivre dans ma peau de chef de famille à vingt et un ans. Je n'ai jamais connu la période légère de l'étudiant amoureux, qui fait ce qu'il aime avec celle qu'il aime… Reste que cette saison au camping, ce n'était pas une bonne idée…

Au camping, Morgane a rencontré l'homme de sa vie! Pas de quoi s'énerver au départ puisque ce n'était pas le premier. Sauf que celui-là, Enzo, est devenu son maître à penser, envahissant son esprit, sa vie, et bientôt la nôtre… D'emblée, les premières informations entendues de la bouche de Morgane ne m'ont pas emballé. Il avait vingt ans, soit un an de moins que moi, et elle n'en avait que dix-sept. Je le jugeais un peu jeune pour aimer la chair fraîche. Je ne me serais pas vu sortir avec une lycéenne… Il n'avait pas de cursus universitaire connu, ne lisait pas une ligne, et Morgane m'en exposait les bonnes raisons à ses yeux. La première, c'était qu'il préparait des concours, de coach sportif ou de pompier professionnel selon les mois. Il avait déjà sa licence STAPS, qui couronne des aptitudes et connaissances en sport, affirmait-elle des étoiles plein les yeux. C'est en allant vérifier le listing des heureux élus que je suis passé de sceptique à légèrement hostile. Car je n'ai malheureusement pas trouvé son nom… Le nez sur l'ordinateur, Morgane, furieuse, refusait de voir la vérité en face. À ses heures, Enzo était aussi un futur chef d'entreprise, on ne savait pas encore dans quel secteur. D'ici là, ce qui était sûr, c'est qu'il était sponsorisé par ses parents et passait sa vie sur Instagram, ce que je pouvais facilement vérifier, là encore… Je répétais à Morgane :

– On n'a pas déjà eu assez d'un chef d'entreprise sur World of Warcraft ? Que l'on puisse partir en vrille à dix-sept ans, je comprends, quand on n'a rien vécu ! Mais on n'a pas assez galéré pour retenir quelques leçons ?!

– T'es jaloux, voilà ce que t'as !

Invariablement, la conversation finissait comme ça.

Après avoir été le mauvais fils qui refusait que sa mère refasse sa vie, je devenais le mauvais frère qui interdisait à sa sœur de faire la sienne. En même temps, alors qu'elle était mineure et avait le bac à la fin de l'année, ce n'était pas idiot de différer les projets conjugaux, mais ce n'était pas la question. Dès que j'ai rencontré Enzo, j'ai trouvé que tout sonnait faux, y compris sa croix tatouée sur le bras :

– Tu sais pourquoi, Roman ? Il a une histoire très dure : son ex-copine est morte. C'est en hommage à sa mémoire.

Terrible, en effet… Sauf que je n'ai pas manqué de lui montrer qu'on retrouvait la copine parfaitement vivante par le miracle d'une petite recherche sur les réseaux sociaux. Morgane en est devenue folle de rage. Je cherchais à lui prendre son héros, et je ne voyais rien de la violence que cela pouvait lui faire, elle dans l'amour, moi dans le rationnel, et l'amour a ses raisons, etc.… Il a fallu qu'elle croise un jour la morte vivante dans la rue pour me croire, sans ouvrir les yeux pour autant sur le reste ! Sa capacité à s'aveugler me rappelait quelqu'un… Mais le plus gros défaut d'Enzo n'était pas dans cette vie mythique. C'était qu'il habitait Dijon !

Sigournais-Dijon, c'était cinq heures de train, huit cents kilomètres. Comme Morgane ne pouvait pas se passer de l'homme de sa vie, c'était régulièrement une dépense de train ou de Blablacar pour notre mère, qui donc ne pouvait plus payer les factures. Qui s'en chargeait ? Moi ! Je finançais donc indirectement les amours de Morgane, et je n'étais pas d'accord ! Au bout de trois mois, Morgane a trouvé la solution idéale : Enzo viendrait habiter à Sigournais ! Ce qui aiderait Maman puisqu'il participerait au loyer. Notre mère était bien sûr tout à fait partante. Un homme dans la maison, qui me ressemblait un peu, en plus, comblerait mon absence, surtout s'il contribuait aux frais, comme moi.

Elle ne le faisait pourtant pas par calcul, mais avant tout pour ne pas perdre l'amour de Morgane, ne pas la voir partir surtout.

Ma mère n'a jamais vu la couleur d'un loyer bien sûr. Elle habitait chez un bébé-couple, dont le mode de vie me rendait dingue quand je rentrais. Le fameux Enzo s'est débrouillé pour travailler chez Decathlon. Le reste du temps, il s'entraînait à la salle de sport. Pendant ce temps-là, Morgane, qui envisageait jusqu'à sa terminale de faire médecine, bossait distraitement ses cours en surveillant la cuisson des blancs de poulet. Parce qu'Enzo devait manger hyperprotéiné pour sculpter son corps. Il achetait des poudres instantanées qui coûtent un bras, ignorant que le surplus de protéines « se pisse » ! Morgane elle-même s'est mise à surveiller son alimentation, fuyant le gras. Bien sûr, c'était l'âge, mais je ne voyais que les conséquences. Notre mère qui aimait tellement régaler sa tablée faisait la popote et ne trouvait que Yonah et elle à nourrir. Je voyais l'ex-Drama Queen, héroïne cinématographique haute en couleur, devenir une petite vieille qui fait à manger à son mari en attendant qu'il rentre. Ils ne faisaient jamais rien d'excitant le week-end, menaient une vie plan-plan sans surprise, surtout pas une que lui aurait réservée Enzo, en aucune occasion ! À défaut de l'éclairer sur son choix de partenaire, j'essayais de l'éclairer sur la relation :

– Mais regarde, Morgane ! Manon, elle m'enchante ! Elle m'étonne ! Elle cherche comment me faire plaisir ! Tu crois que c'est normal de t'auto-organiser ton anniversaire avec tes copines alors que tu habites avec ton mec ?

Et je disais ça dans le polo blanc Lacoste que Manon m'avait offert en faisant de grosses économies, alors que j'avais juste dit au détour d'une phrase que j'adorais les polos Lacoste. Mais pour Morgane, aimer, ce n'était pas s'émerveiller l'un l'autre mais se sacrifier pour l'autre sans espoir de retour. On ne se demandait pas où elle avait appris ça…

Notre mère, elle-même prise par ses tourments sentimentaux et ses emplois multiples et aléatoires, refusait de juger, de critiquer, de contrarier Morgane. Elle ne se sentait pas valorisée par Enzo, ni aimée, plutôt jugée. Il ne critiquait pas le standing de la maison mais n'en pensait visiblement pas moins, partageant la petite chambre de Morgane qui n'avait rien d'une suite conjugale, il faut l'avouer. Il était loin du fils de substitution ou du partenaire de galère que notre mère avait sans doute rêvé, comme elle rêvait tout mâle, en sauveur. Elle peinait à joindre les deux bouts et ne pouvait rien demander à Morgane qui avait son bac à la fin de l'année, faisait la cuisine et gardait Yonah. Mais à moi, elle pouvait.

Juste avant de rejoindre Manon qui faisait un stage dans un cabinet d'avocats à Londres, ma mère m'a appelée en panique sur mon quai de gare : elle ne pouvait pas payer des factures dont la somme s'élevait à quatre cent cinquante euros. Des dépenses contraintes d'eau, de téléphone, ou d'EDF, je ne sais plus, avec des pénalités de retard parce qu'elle avait pensé pouvoir payer et finalement, l'argent n'était pas venu. Moi qui m'étais fait une joie de ce voyage, j'ai passé tout mon trajet en train à me demander comment je pourrais faire pour cette fois, et ensuite, comment je pourrais faire davantage. J'ai essayé de cacher mon angoisse à Manon en arrivant. Nous sommes partis manger au restaurant comme si de rien n'était. Mais à peine assis, je me suis écroulé en larmes :

– Comment je fais, Manon ? On va jamais s'en sortir ! Et Yonah là-dedans, elle n'a que dix ans ! Comment on va tenir jusqu'à ce qu'elle soit tirée d'affaire ? Je peux pas faire plus…

– Tu ne peux pas plus, Roman…

– Mais si elle ne mange pas ? Si elle n'a pas de chauffage ?!

Dans ces moments d'abattement profond, j'avoue que l'idée m'a parfois effleuré : « Est-ce que ce ne serait pas rendre service à Yonah de la confier aux services sociaux ?.. » Je ne l'aurais jamais fait parce que j'aurais tué ma mère. Mais sincèrement, la situation matérielle le suggérait, sans parler des types qui la reluquaient en pyjama et contre qui elle ne pouvait pas encore se défendre, contrairement à Morgane. Elle partie, il se passerait quoi ?

On a passé une soirée pourrie. Et j'ai payé la note, en puisant dans la réserve Decathlon. Ma mère m'a remercié cent fois, juré de me rembourser. C'était gentil, mais c'était ridicule. Évidemment qu'elle voulait me rembourser, et évidemment qu'elle ne le pourrait jamais !

Je passais mon temps à m'angoisser, à engueuler Morgane, à essayer d'ouvrir les yeux de ma mère, ou l'inverse. Avec Manon, nous aurions dû être heureux, mais je recevais toujours le coup de fil qui venait tout gâcher. La situation devenait de plus en plus électrique entre Manon et Morgane quand on allait à Sigournais. Ça sentait l'explosion…

Elle a eu lieu parce que Morgane a demandé cinquante euros d'argent de poche à notre mère qui ne pouvait pas les lui donner. L'affaire est évidemment parvenue à mes oreilles. Je ne disais plus rien. Du moins, j'essayais. Disons que je répétais pour la énième fois à Morgane, d'un ton las, que Maman ne pouvait pas… Manon tentait de se taire pour ne pas être dans le vilain rôle de la pièce rapportée qui sème la discorde, mais elle n'en pensait pas moins. Son silence s'arrêtait là où commençait l'impact sur notre couple et sur nos projets puisque tout ce que je dépensais pour la famille, c'était ce que j'avais en moins pour nous faire un peu plaisir alors qu'on vivait penchés non stop sur nos écrans et nos cours. Le jour de ses dix-huit ans, Morgane rentrait en avion d'un week-end où elle était allée voir Enzo en visite dans sa famille. Elle avait payé son vol vingt euros parce qu'elle était la reine des bons plans, mais elle vivait tout de même sans trop se contraindre… Elle avait prévu de passer prendre son petit-déjeuner dans notre petit appartement avant de regagner Sigournais. Manon avait très gentiment acheté des croissants. Là, Morgane a grimacé en refusant d'y toucher :

– Nan… C'est gras…

J'ai vu le visage de Manon se crisper. Il ne faut pas trop la chercher sur le sujet des régimes… Puis le sujet des cinquante euros est revenu sur la table, Morgane protestant dans une moue de sale gosse :

– Enfin bon, Maman pourrait me les donner, quand même ! On va pas faire un drame de cinquante euros !

Là, je suis sorti de mes gonds :

– Mais tu te rends compte Morgane, de ce que ça veut dire, cinquante euros, pour Maman ? Cinquante euros en soi, ça ne veut rien dire ! Pour Maman, c'est 5 % des mille euros qu'elle gagne, merde !

Là, Manon a craqué à son tour et tout est sorti ! Tout ce qu'elle pensait et n'osait pas dire depuis qu'elle observait ma sœur et son Enzo, multiplié par ses sentiments pour moi, ma souffrance, nos tensions autour de cette situation qui occupait parfois nos soirées à discuter, chercher des issues. Elle a crié :

– On en a ras le bol, tu comprends ? De tes week-ends à Dijon, des conneries que tu achètes, de ton argent de poche, de ton mec…

Tout y est passé pendant une heure ! Les deux se sont mises à hurler, moi pris entre deux feux… mais tout de même très d'accord avec Manon ! Morgane a fini par sortir dans la rue pour demander à notre mère de venir dare-dare la récupérer.

Notre mère a tenté d'apaiser sans prendre parti, partagée entre ses deux enfants, moi-même déchiré entre ma copine et ma sœur…

Cette crise a marqué un vrai moment de rupture entre Morgane et Manon, comme entre Morgane et moi, sans que ce soit lié aux griefs de Manon. Elle n'avait fait que mettre des mots sur ce qui nous rongeait. Les cinquante euros n'étaient qu'un déclencheur, le symbole de la légèreté de Morgane qui me pesait et m'angoissait depuis des années. Oui, j'avais voulu la protéger de la réalité ! Mais ce n'était plus le cas ! Elle avait atteint l'âge adulte ! Et elle était toujours incapable d'ouvrir les yeux ! Elle compromettait surtout son avenir puisqu'elle changeait ses projets d'études. Et son avenir, ce n'était pas que le sien, c'était aussi le mien ! Si elle se plantait, ce ne serait pas notre mère qui paierait les pots cassés ! Quand elle a rempli ses dossiers de vœux post-bac, j'ai encore eu une conversation avec elle. Médecine, c'était oublié. Elle voulait aller en fac d'histoire, pour devenir éventuellement prof… Je suis tombé des nues :

– Une fac d'histoire ? Mais pourquoi ? Je ne t'ai jamais vu lire un seul livre d'histoire ! Tu t'en fous complètement, de l'histoire…

Elle m'a répondu embarrassée :

– Si… si, si, ça m'intéresse…

– Et tu t'inscrirais où ?

– Ben… À Dijon !

Tout s'expliquait. Évidemment, il n'y avait pas médecine à Dijon, et par ailleurs l'emploi du temps d'un étudiant en médecine ne collait pas avec les blancs de poulet. C'était le genre de conversation qui ne me donnait pas envie de lui téléphoner les jours suivants. Il valait mieux que je coupe le cordon. Je refusais d'assister au naufrage.

J'étais d'autant plus désolé de la distance qui s'était installée entre Morgane et moi que notre mère avait voulu une famille clanique, une fratrie qui se serre les coudes. Je n'ai plus téléphoné à Morgane qu'une fois par semaine, de façon aussi détachée que j'en étais capable. Je ne suis plus allé à Sigournais que tous les deux mois. Je l'ai regretté un peu après, surtout pour Yonah qui payait les erreurs des autres. Mais je sentais que j'allais couler. J'avais toujours appelé pour me rassurer et chaque appel m'enfonçait. On ne peut ni vivre ni travailler en vivant en état d'alerte permanente.

Pour la première fois de ma vie, je me suis senti rancunier, parce que notre mère m'en voulait d'avoir brisé le clan alors que je cherchais juste à ce qu'il ne se transforme pas en cercle infernal. Pendant un an et demi, je n'ai plus eu envie de voir Morgane. Il était de toute façon inimaginable de remettre ma sœur et ma copine en présence. On en arrivait à des situations stupides où je demandais avant à notre mère quand Morgane serait là pour ne pas y aller en même temps et réciproquement. Je me souviens d'une remise de diplôme à la fac de Nantes, un moment solennel suivi d'une sortie au restaurant, un grand moment pour moi. Ma mère et Yonah sont venues, pas Morgane. Ma mère, très émue, s'était faite hyper belle pour être assortie à mon costume. Je lui avais dit :

– Déconne pas, il y aura mon futur directeur de thèse. Tu racontes pas ta life, tu en dis le moins possible, qu'il ne découvre pas qu'on est des cassos !

– D'accord, d'accord !

Elle a été parfaite, comme Yonah. Tout le monde les a adorées. On a trouvé que j'avais trop de chance d'avoir une famille géniale. Personne ne pouvait imaginer que ma complice d'autrefois manquait… Et me manquait.

J'ai tout de même tenté dans un dernier effort de raisonner Morgane quand elle a décidé bac en poche de partir vraiment à Dijon pour sa fac d'histoire. Elle suivait son Enzo, les cheveux au vent, je croyais revoir ma mère, un remake de mauvais goût. Je l'ai prise en tête à tête :

– Tu te rends compte, Morgane, qu'une petite erreur d'aiguillage, comme prendre un bail à deux à Dijon et regretter dans deux mois, pour des gens normaux, c'est pas grave. Mais pour Maman, ça veut dire aller te déménager à huit cents kilomètres avec son vieux Scénic, ne pas travailler deux jours…

– C'est l'homme de ma vie…

– Tu réalises qu'en plus tu laisses Maman toute seule avec Yonah, au lieu de rester pas loin pour la soutenir ? Moi, tu vois, j'aurais bien aimé faire un an en Erasmus après mon bac, aller à l'étranger… Je ne l'ai pas fait pour aider notre mère…

– Enzo est sur un business…

– Lequel ? T'as pas déjà connu des gens sur « des business » ? Ça te rappelle personne ? On peut se planter quand on n'a pas le mode d'emploi, dans la vie, mais tu l'as, bordel !

Rien à faire !

L'avenir, je pouvais le prédire, en couple avec un type qui vit dans ses rêves, pour qui l'autre n'existe pas. Dans le meilleur des cas, elle arrêterait ses études, façon Britney, aurait trois enfants qui s'appelleraient Santiago, Kévin et Diégo. Et dans dix ans, j'aurais à gérer sa vie de plaquée avec trois gosses sur les bras. Moi qui m'étais tellement battu pour ne pas devenir Jordan, c'était à pleurer…

Le départ de Morgane était dur pour notre mère, mais encore plus pour Yonah. Notre mère avait donné son avis sur Dijon, pas très favorable, mais son inquiétude avait un biais d'analyse qui n'était pas le mien : le fond de l'affaire était quand même une histoire d'amour ! Morgane appelait tous les jours notre mère et Yonah à Sigournais, mais elle rentrait rarement, à cause de la distance et du coût. Moi, j'étais entre Nantes et Bordeaux, où Manon faisait son second master. Je ne passais plus que des appels opérationnels à Morgane, en essayant de me tenir à distance psychologiquement, juste pour suivre le dossier. J'attendais la catastrophe… Je me souviens d'un appel de Morgane qui m'a donné un peu d'espoir sur son retour sur terre. J'avais failli ne pas répondre, en me disant : « Qu'elle aille se faire… » Et je me suis dit : « T'es son frère, sois gentil. » J'ai rudement bien fait. Morgane avait un ton très posé, qui ne lui ressemblait pas :

– Dis-moi, Roman, t'as un peu de temps, là ?

J'ai levé les yeux au ciel. Enzo avait-il découché parce qu'ils s'étaient engueulés ? Parce que forcément, sitôt emménagés, le mode drama s'était invité dans leur vie plan-plan, ce qui rendait la story encore plus séduisante. J'ai écouté en soupirant :

– Vas-y…

– Est-ce que tu peux m'expliquer comment t'as fait pour vivre avec quatre cent cinquante euros et les APL ?

J'ai failli répondre : « Tu vas te démerder ! » Et puis j'ai trouvé qu'il y avait un début de prise de conscience et j'ai débité :

– Ben c'est simple, Morgane. J'ai fait mes courses chez Lidl, je n'ai jamais jeté un gramme de nourriture, j'ai donné des cours particuliers, j'ai travaillé dans un café, je suis rentré le week-end faire les canards, j'ai bossé l'été en mettant l'argent de côté, je n'ai pas mangé en ville, je ne suis pas allé au bar, et encore aujourd'hui, avec Manon on va dormir chez ses parents pour louer notre appart sur Airbnb le temps d'un week-end et nous faire un peu de sous...

Morgane a soufflé comme si elle découvrait un film inédit :

– Mais tu ne m'avais jamais dit tout ça...

J'ai répondu froidement :

– Mais je ne t'ai jamais rien dit, Morgane...

L'appel a duré... deux ou trois heures. De moins en moins froid. Parce que j'ai aussi révélé quelques morceaux de notre véritable histoire familiale, celle qui ne se lisait pas dans les books photos fabriqués par notre mère. J'ai ouvert grand les coulisses du passé qui expliquaient que des cadeaux ou de l'argent aient eu l'air de tomber « miraculeusement » du ciel.

Morgane a commencé à comprendre en quittant le toit familial que l'argent n'était pas un symbole mais une réalité, qu'un sou est un sou, que notre mère ne pouvait pas lui passer cinquante euros comme ça pour le claquer en conneries, qu'il y avait des charges fixes absolument effarantes. À Dijon, elle s'est mise à travailler durant l'année scolaire à l'accueil d'un centre commercial, où elle conseillait les clients avec sa bonne humeur communicative, continuant l'été dans son camping. Elle a arrêté de peser sur le budget familial. Mais l'amour est le domaine où il est le plus difficile de voir le réel et on n'était pas encore rendus.

Enzo continuait à s'entraîner et faire des projets, avalant ses protéines toutes les trois heures et cherchant le bon *business plan* sur Instagram vu qu'il n'avait pas d'amis. Ils ont eu un chien. Morgane se persuadait que c'était ça, le bonheur... Manquait plus que Santiago...

Notre mère se débattait maintenant toute seule dans ses mélos dont je n'espérais plus la fin. Je m'inquiétais beaucoup pour Yonah, qui entrait en sixième, autant pour sa construction psychique que pour sa survie matérielle : elle allait avoir quel schéma de l'amour, avec ces mecs nuls qui se succédaient tous les six mois, toujours bons à rien, toujours décevants ? Je me débrouillais pour qu'elle ne manque de rien, payant les frais scolaires, la cantine en retard qu'on venait lui réclamer, ce qui lui faisait très peur. À dix ans, elle savait notre mère défaillante. Elle en garderait une angoisse, vérifiant tout derrière les adultes, même les horaires des billets de train, encore aujourd'hui. Elle a été responsable beaucoup plus tôt que Morgane. Dès ses quatre ans, elle avait connu notre mère seule et flottante ; dès ses huit ans, son frère cadrant est parti. Et maintenant, elle était toute seule... Elle assurait comme une mini-adulte, faisant ses devoirs, son sport, rentrant vite seule de l'école, téléphonant à ses copines ou à Morgane qui lui manquait. Morgane lui avait montré comment se maquiller, s'habiller, une relation typique grande sœur-petite sœur, la grande protégeant la petite, la petite admirant la grande. Morgane avait avec elle la relation fusionnelle que nous avions tous les deux jusqu'à ses douze ans. Rétrospectivement, je me sens un peu coupable d'avoir abandonné Yonah, mais je ne pouvais pas habiter Sigournais. Je luttais contre l'idée que c'était déraisonnable de me lancer dans une thèse, qui ne serait pas financée, comme souvent en psycho…

Mon directeur de thèse m'a porté à bout de bras pour que je continue au lieu de me précipiter pour gagner ma vie à tout prix. Il m'a promis que je pourrais en tant que doctorant donner des cours à la fac dès la première année, ce qui me rapporterait trois mille euros versés au bout de six mois. Je les dépensais sur douze mois, soit deux cent cinquante euros par mois. Encore fallait-il tenir avant de toucher mon dû… C'est encore ma marraine qui m'a sauvé la vie, en trouvant les mots pour me convaincre :

– Moi, je décide d'investir dans ta thèse, Roman ! Je te donnerai deux cents euros par mois.

– Mais…

– On ne passe pas à côté de son projet pour une question d'argent !

Je dois beaucoup à Livine. Le droit de rêver d'abord, l'aide pour concrétiser mes rêves ensuite. J'ai fait mes calculs avant de commencer ma thèse. Il me restait, une fois payé le loyer, quatre cents euros pour l'alimentation, le téléphone et l'électricité, la complémentaire santé, la doc minimum pour la fac, les microloisirs, et l'entraînement de sport, de plus en plus important dans ma vie. J'avais acquis un bon niveau, de quoi commencer à participer à des compétitions et pouvoir donner des petits cours payants en ligne. M'entraîner à porter des poids le plus lourd possible était la parenthèse légère de mon existence. C'était moins lourd que les galères familiales. Rien ne changeait plus à Sigournais. C'était immuablement déprimant…

Manon est partie à la Sorbonne à Paris pour sa deuxième année de master pendant que j'entamais ma deuxième année de thèse. J'ai repris une chambre au CROUS, qui avait le mérite de faire vingt-cinq mètres carrés, dans un angle donc sans voisin, située au huitième étage, avec une très belle vue sur le ciel, à moins d'une demi-heure de la fac et à trois minutes de Basic-Fit. Du coup, j'y suis encore, et dans la chambre et chez Basic-Fit ! J'ai continué à appeler Sigournais tous les deux jours, n'y retournant plus que tous les deux ou trois mois puisque j'allais aussi à Paris voir Manon quand je pouvais. Avant de retourner sous le toit familial, je me réjouissais chaque fois de retrouver Yonah pour vérifier qu'elle continuait sur la bonne route, entre sport, copines et scolarité sérieuse, et chaque fois j'étais irrité parce que j'allais me retrouver confronté à la misère de la logique maternelle et de ses amours consternantes… J'étais susceptible de croiser deux types d'hommes, diagnostiquant en deux secondes ce qui allait arriver. Quoiqu'on aurait des surprises… Je me souviens d'un « pas mal », qui à table évaluait le capital façon huissier, les biens comme la situation de famille, petit salaire aléatoire et trois enfants dont une pas élevée à demeure… J'ai pensé : « Va-t-il tenir tout le repas ou foutre le camp avant ? » Il est resté... Mais après il a « ghosté » notre mère, comme un ado pas dégrossi. Elle n'en revenait pas. Elle me disait :

– Je comprends pas, ça se passait bien...

Il valait mieux ne pas trop l'éclairer...

Je me souviens d'un autre, particulièrement stupide, qui me ferait voir notre mère rire de blagues un peu connes, comme si le niveau avait baissé à force de côtoyer la médiocrité... Notre père, avec tous ses défauts, maintenait une exigence intellectuelle, du moins avant qu'il ne se transforme en déchet. Mais l'éloignement de son souvenir et l'usure des déceptions sentimentales avaient fait glisser notre mère dans une forme d'abrutissement. Alors qu'on parlait normalement à table avec Yonah, l'abruti sans complexe avait lâché :

– Oh là ! Moi, je vais pas rester pas à table ! La conversation vole trop haut pour moi, hahaha !

Notre mère a rigolé, moi non, Yonah non plus, parce qu'elle comprenait beaucoup de choses, la petite... Le *gap* intellectuel entre notre mère et moi se creusait d'année en année, malgré ses efforts et tout son amour de maman. Par exemple, tout le village était au courant que je faisais une thèse, alors elle m'a dit :

– Tu sais, j'aimerais bien, moi, comprendre ce que tu fais... Tu m'enverrais des choses que tu écris...

– Ben... Si tu veux, Maman...

Je ne comprenais pas bien l'intérêt, mais je l'ai fait, bien sûr. Je lui ai envoyé un article en rapport avec mon projet de recherche, dont l'intitulé est « Flexibilité psychologique, psychopathologie et réalité virtuelle : de la mesure subjective à la possibilité de mesure objective des processus trans-diagnostiques». J'avoue, il faut connaître. Je ne lui ai pas envoyé le plus compliqué. Elle m'a rappelé quelques jours plus tard en me disant :

– J'ai lu… Il y a des choses que j'aime bien… Je sais que tu as beaucoup de travail, mais viens donc dîner, je te ferai un bon plat et on en parlera !

Elle n'avait pas dû en comprendre le quart, mais elle en avait surligné des passages, elle s'était appliquée… Des gestes comme ça me faisaient tout lui pardonner. En amour maternel, elle était surdiplômée.

J'essayais de la rendre heureuse avec des parenthèses enchantées, tentant de lui mettre des étoiles dans les yeux, l'espace de quelques heures arrachées à son ordinaire, de quoi tenir dans sa vie de damnée. Je l'ai invitée en tête à tête voir un comique au théâtre à Nantes, après avoir bu un verre tous les deux. Une soirée à plus de cinquante euros, Natacha Malo n'avait jamais vu ça. Elle était aux anges ! Moi je n'espérais plus. Mais cette fois, j'avais tort.

Le vent a commencé à tourner pour notre mère, dans le bon sens et dans tous les domaines, au printemps 2020. Elle m'a annoncé folle de joie :

– J'ai décroché un CDD ! Qui peut déboucher sur un CDI !

– Non ?!! Où ?

– À l'Hyper U de Chantonnay ! Comme caissière ! Le patron m'a dit : « Si vous travaillez bien, vous pourrez rester ! »

Inutile de dire que notre mère a bien travaillé ! Pour le travail comme pour l'amour, elle était programmée pour le don de soi. Même ses organes, elle voulait les donner à la science. Elle a décroché son CDI avant l'été 2020, son premier en quinze ans de recherche sans critère aucun.

Peu de temps après, Yonah m'a appelé sur le ton de la confidence :

– Maman, elle a rencontré un type… Il a l'air de lui plaire…

– Hum… Et tu l'as vu ?

– Oui… Il a l'air bien…

Yonah remplissait le rôle d'observatrice qu'avait autrefois rempli Morgane. Elle avait déjà une vague idée de ce qu'était un mec bien et un mec pas bien, une capacité à lire les gens dans leurs non-dits. Le type grossier, avec une alliance, qui regarde l'heure, qui ne lui parle pas, elle savait que ce n'était pas bon, sans parler de celui qui la reluquait son pyjama. Malgré tout, on peut le comprendre, je n'étais pas complètement emballé. J'ai demandé :

– Et elle l'a rencontré où ?

– Il l'a draguée à la caisse de l'Hyper U !

Je n'avais pas vu que c'était un métier à risques pour notre mère ! Il lui valait une vie sociale toute nouvelle qui l'enchantait. Elle avait des collègues féminines actives, pas trop larguées, des clients qu'elle traitait chaleureusement et qui parfois le lui rendaient bien. Dont celui-là, donc, mais j'attendais de voir…

Et j'avoue avoir été positivement surpris ! Il s'appelait Jérôme. Il était bel et bien là quand je suis venu. Il n'a pas eu peur de « mon fils qui fait de grandes études » ! Sincèrement, c'était le type le mieux qu'on ait vu en quinze ans de recherches, sans critère aucun non plus ! Jérôme n'avait ni Audi ni costume-cravate, mais une vie propre sur le papier et un bon esprit. Tout juste divorcé d'une femme avec qui il avait eu l'ensemble de ses sept enfants, il était ouvrier qualifié du BTP, avec un salaire fixe et de vraies compétences. Il n'était ni alcoolique, ni dépressif, ni profiteur, ni pire. Il habitait à un quart d'heure de Sigournais une grande maison de plain-pied en crépi comme tant d'autres en Vendée, avec plusieurs chambres, une terrasse, un jardin. Il rendait notre mère heureuse, et réciproquement évidemment. Il était attentionné avec Yonah, qui l'aimait beaucoup. Il y avait moyen que notre mère ait une belle vie, Yonah avec elle, enfin ! J'avais du mal à le croire, mais aucun indice ne semait le trouble dans mon esprit.

Notre mère n'ayant pas mon tempo intérieur, elle était totalement euphorique, tous secteurs confondus. Quand elle appelait, c'était pour un bavardage plus enjoué que jamais, avec des milliers d'anecdotes à raconter sur ses journées, teintée d'une pointe de fierté quand on lui avait confié des responsabilités, ce que le directeur de l'Hyper U n'hésitait pas à faire. Quant à Jérôme, elle avait déjà programmé l'avenir avec lui sur plusieurs décennies :

– Je vais déménager, habiter chez lui, on va se pacser, on prendra un chien, on achètera un camping-car pour partir sur les routes à la retraite…

– Ça va pas un peu vite, tout ça, Maman ?

– Comment ça, vite ?

– Lâcher la maison pour aller chez quelqu'un… Tu le connais assez ? Tu pourrais attendre…

– J'ai pas assez attendu ?

Même Yonah, douze ans, lui suggérait un peu de prudence. Mais Maman avait cinquante et un an, elle en avait vu de toutes les couleurs, elle n'avait pas le temps d'attendre ! Elle voulait repeindre toute sa vie en rose. J'étais de toute façon résigné à ne jamais pouvoir influer sur ses décisions, encore moins quand elle était dans la phase ascendante d'une nouvelle histoire. Je me suis dit : « Bon, j'aurais préféré un milliardaire intellectuel, mais va pour Jérôme ! »

Comme un bonheur n'arrive jamais seul, j'ai décidé de décrocher mon téléphone pour parler avec Morgane autrement que par politesse. Notre fâcherie depuis un an et demi me semblait de plus en plus ridicule. Je lui ai dit :

– Écoute, Morgane, on est nuls. On se prend la tête alors qu'on a bouffé ensemble pendant des années des raviolis Eco+, tu réalises ! C'est pas possible d'en arriver là… Maintenant, tu connais un peu la vie, tu es indépendante, tu devrais appeler Manon et faire le point avec elle… essayer de vous réconcilier…

Contre toute attente, Morgane a dit oui. Elles se sont expliquées, se sont demandé pardon, je ne sais pas, mais c'était à regretter de ne pas avoir tenté la médiation plus tôt. Il faut dire que Morgane voyait de plus en plus clair sur Enzo. Elle avait compris que la seule chose qui resterait, notre éternelle richesse, c'était la famille. Évidemment, elle évitait de me confier qu'arrivait tout ce que j'avais prédit, mais quand elle me disait en pleurant que Enzo n'avait pas dormi là, je me doutais qu'il n'était pas parti jouer aux cartes.

Notre mère s'est installée en décembre 2020 chez Jérôme. On y a fêté Noël, sans poêle qui fume, sans angoisse de la facture EDF. Notre mère cuisinait ses cheesecakes au saumon dans une vraie cuisine, heureuse. Manon était restée dans sa propre famille, mais toute la fratrie Malo était réunie, avec l'une des filles de Jérôme, âgée de seize ans et qui s'entendait très bien avec Yonah. Rien ne pouvait davantage faire plaisir à notre mère. Elle regardait les yeux brillants d'émotion son rêve de famille recomposée devenu réalité. Elle pour qui Noël avait toujours été un grand moment, c'était le plus beau de sa vie depuis très très longtemps. Yonah était ravie de m'entraîner dans sa chambre, pas hollywoodienne mais super bien arrangée, saine, et je la voyais comme se déployer physiquement dans ce nouvel univers. C'était un vrai nouveau départ, pour elle aussi. Elle avait sa première vraie armoire pour ranger ses vêtements, et un vrai lit qu'elle avait choisi elle-même, le tout financé grâce au dossier « aide à l'emménagement » de la CAF que notre mère avait monté. Une guirlande de photos faite maison et des dessins d'une de ses copines égayaient les murs, avec quelques affiches d'Harry Potter et de la chanteuse Billie Eilish, son idole. Avec Morgane, on appelait Yonah « l'Américaine » parce qu'elle adorait les États-Unis, était aussi coquette que sportive, une vraie Californienne ! Elle faisait des stories « spécial ongles » sur Instagram autant que du hand-ball. Elle était désormais fière d'inviter ses copines alors qu'elle était passée par la honte de la précarité, comme moi, plus que par la révolte, comme Morgane. Je voyais qu'elle fuyait le drama, les ennuis, qu'elle avait compris beaucoup de choses à la vie. Finalement, elle aurait peut-être un beau destin, cette petite fille…

Moi qui craignais toujours le pire, j'étais presque optimiste pour la première fois de ma vie. Pourtant j'aurais dû l'être moins.

Chapitre 10

Il y a eu sept mois. Sept petits mois de normalisation dans la vie de notre mère… Sept mois où je me suis dit « Je vais pouvoir m'occuper de ma vie », où Morgane s'est dit « Ma petite sœur est heureuse sans moi sous son toit », où Yonah a découvert une vie moins minable…

Et puis tout s'est arrêté…

Au début du mois de février 2021, six mois après son emménagement dans une existence digne d'elle, notre mère a eu une attaque de panique au travail. Oh, rien de grave ! Les contrôles physiologiques faits à l'hôpital, cœur, poumons, ne révélaient aucune anomalie. Pour notre mère, ce fut vite oublié. Mais cette alerte de santé, la première de sa vie, m'a fait prendre conscience qu'il pouvait lui arriver quelque chose… Elle n'avait jamais montré aucun signe de faiblesse, ni morale, ni physiologique. Bien sûr, j'avais parfois essayé de lui parler de ce qu'on deviendrait si on ne l'avait plus, si elle avait un accident. Mais elle refusait toujours d'aborder le sujet :

– Va pas me porter la poisse !

Cette fois-là, j'ai appelé Morgane, tout juste vingt ans, qui me semblait devenue une personne responsable :

– Morgane… Je dois vraiment discuter de quelque chose avec toi… On n'a jamais réfléchi à ça… C'est pas agréable… Mais il faut qu'on imagine le pire. Pour être prêt, au cas où… On ferait quoi, avec Yonah ?

Morgane ne savait pas. Elle se demandait ce que Maman voudrait. Quand on s'est retrouvés ensemble lors d'un week-end en Vendée, on a coincé notre mère :

– Il faudrait qu'on parle, Maman… Même si ce pépin n'était rien… Tu pourrais avoir un accident, on ne sait pas… Donc… Tu voudrais que Yonah habite avec nous ? Mais où ? En fait, comment tu vois les choses, toi ?

Au bout de cinq minutes, notre mère a eu les réactions de gamine qu'on lui connaissait bien, pleurant un peu en se tordant les mains, confondant prévention et prédiction. Elle ne comprenait pas que prévoir pouvait nous rassurer. La seule phrase qu'on en a tiré, c'est :

– Promettez-moi que Jérôme aura un droit de visite sur Yonah…

Avec Manon, on en a ri après :

– Si demain tu meurs, tu te demandes d'abord comment ton enfant va bouffer ou si ton nouveau compagnon aura un droit de visite ?

La conversation s'est terminée entre adultes, c'est-à-dire entre Morgane, Manon et moi. J'aurais préféré que notre mère y participe, mais Natacha Malo était Natacha Malo.

On a résolu que la meilleure solution serait que Yonah aille chez Morgane, parce qu'à Nantes, avec ma chambre du CROUS et mes cours de prof, ce n'était pas pensable. Et puis une grande sœur de vingt ans, c'était mieux pour une petite fille qui aborde l'adolescence qu'un grand frère. Morgane avait toujours incarné la maternante, moi l'autorité. On ne savait pas bien où serait Enzo dans la configuration, mais je sentais qu'il y avait de l'eau dans le gaz. On ne savait pas non plus comment on vivrait financièrement, si je devrais travailler, ou Morgane… Dans les deux cas, c'était injuste. On n'y était pas.

Yonah n'a évidemment rien su de cette conversation, mais à compter de cette alerte, elle n'a plus cessé d'être inquiète pour sa maman, contrairement à ladite maman évidemment !

Dès la sortie du check-up, notre mère est repartie au travail sans même utiliser ses jours de congé maladie. Elle avait eu une prime Covid ou un treizième mois, il fallait qu'elle les viabilise, au cas où Hyper U aurait fait faillite ! Elle a redoublé de projets qu'elle nous annonçait au téléphone :

– On a réservé au camping avec Jérôme pour cet été ! Comme ça, on sera tous ensemble !

On s'en faisait une joie, maintenant que tout le monde était réconcilié.

Au mois de mai, notre mère a organisé un grand déjeuner de printemps sur la terrasse. Il y avait Morgane, Yonah, Manon, Jérôme. Ça sentait le début d'une période sympa, dans une vie un peu plus légère. Maman avait pensé à mon steak tartare, affichait un air très gai, ne parlant pas trop de ses maux de ventre qui ne passaient pas. La constipation… Sauf que depuis des semaines, elle enchaînait les visites chez son médecin traitant et les traitements laxatifs, sans amélioration. Je me suis inquiété :

– T'es sûre que t'as le bon traitement ?

– Oui oui…

– Tu ne manges rien…

– Je n'ai pas très faim…

– Tout lui donne mal au cœur, a enchaîné Jérôme…

Je ne sais pas pourquoi, cette constipation accompagnée de nausées, et même de vomissements, ne me disait rien qui vaille… Notre mère s'appliquait à fuir le sujet quand je l'appelais depuis Nantes. Morgane m'appelait de Dijon :

– Elle va mieux Maman ?

– Je ne sais pas, elle ne me dit rien…

– À moi non plus…

En juin, je suis venu en week-end avec Manon qui adorait discuter avec sa Natacha, toujours pas bien, le ventre gonflé… J'en ai profité pour emmener Yonah au cinéma. Mais en sortant du cinéma, j'ai vu trois appels manqués de Manon alors qu'elle n'appelle jamais. Mauvais signe. Elles avaient dû appeler le médecin parce que les douleurs de Maman étaient trop violentes. Il avait conclu que le coupable était sûrement le dernier kebab. D'ailleurs, Yonah ne l'avait pas digéré non plus. Une explication comme une autre… Qui plaisait bien à notre mère. Le problème était que trois semaines plus tard le kebab n'était toujours pas digéré.

Notre mère s'est rendue une première fois aux urgences tellement elle souffrait. Les médecins ne l'ont qu'à moitié prise au sérieux. À distance, j'étais agacé qu'elle n'ait pas exigé d'être examinée, de subir des analyses, des examens. Elle est arrivée en brandissant le diagnostic qu'elle avait mal au ventre parce qu'elle avait mangé un kebab ! Il fallait en finir avec la constipation, le kebab, les explications bidon et les symptômes tellement douloureux !

Début juillet, Morgane est arrivée à Sigournais pour les vacances avec Enzo. Notre horizon à tous, c'était nos supers vacances au camping, tous ensemble ! Manon préparait le concours du Barreau qu'elle passait à la rentrée, et moi j'avançais sur ma thèse en parallèle de remplacements psy dans des institutions. Mais je n'aimais pas ce que me racontait Morgane au téléphone… Elle me disait que Maman dormait de plus en plus dans la journée, vomissait souvent, maigrissait donc… Elle était inquiète. Maman répétait qu'elle était suivie, que l'hôpital l'avait renvoyée, que ça allait s'arranger… Quand Manon et moi sommes venus pour mon anniversaire le 27 juillet, elle n'a même pas eu la force de préparer le repas et de se mettre à table. Là, je me suis définitivement alarmé. La cuisine, c'était l'affaire de sa vie ! Sa façon de donner de l'amour !

Maman, alitée quasiment tout le temps, gardait le seau à proximité du lit pour vomir. Alors qu'elle ne mangeait plus. On a fini par mettre le nez dans le seau. Quand on a vu qu'elle régurgitait noir, avec une odeur bizarre, Manon a pris le taureau par les cornes :

– OK ! Maintenant, on va être pragmatiques, on prend le vomi, on va à l'hôpital pour faire des analyses et on n'en bouge plus avant d'avoir des réponses !

Jérôme disait « Mais non mais non », mais on lui serait passés sur le corps. On a pris notre mère, le seau, et on est allés aux urgences en mode commando. Là, on a gueulé. La médecin qui nous a accueillis a compris qu'on n'exagérait pas.

C'est comme ça que notre mère a été hospitalisée une première fois une semaine. On lui a fait des analyses qui révélaient une inflammation, forcément, mais pas le motif, introuvable par radio. Elle est rentrée à la maison, sous morphine pour éviter de souffrir. Elle s'est un peu réalimentée quelques jours, et puis elle n'a plus eu faim à nouveau. Tout la faisait vomir. Avec Manon, nous faisions des allers-retours Sigournais-Nantes, Morgane sur place en infirmière permanente.

– Il faut boire, Natacha ! Vous vous déshydratez ! répétait Manon, quand on venait.

– J'arrête pas de lui dire, soupirait Morgane…

Nous tendions les verres d'eau dans le lit que Maman n'avait maintenant plus la force de quitter. Elle vomissait l'eau ! Et elle trouvait encore la force de s'excuser :

– Je suis désolée, je suis pas bien, les enfants… Je suis désolée qu'on doive annuler le camping…

On s'en foutait, du camping !

– C'est la morphine, répétait Jérôme jour après jour, pour se rassurer.

Il était complètement dans le déni, dépassé, accablé par ce qui arrivait. C'était si peu sa Natacha, la femme radieuse qu'il venait de rencontrer.

En fait, c'était comme quand on était petits, nous étions face à un duo d'adultes qui se comportaient comme des enfants, qui refusaient de regarder la vérité en face. C'était à nous de les secouer, de gérer, de les ramener dans le réel. La seule chose qui avait changé, c'est que je n'étais plus seul. À mes côtés, j'avais Morgane, Manon, et dans une certaine mesure Enzo. Nous faisions bloc.

Maintenant morts d'inquiétude, et même certains de ce qui nous attendait parce qu'on ne vomit pas du sang comme ça, nous faisions pression pour retourner à l'hôpital. Maman n'était pas chaude, Jérôme encore moins, et j'ai fini par m'engueuler avec lui :

– Bon, là, c'est pas la morphine ! On va à l'hôpital !

Il a bien dû accepter qu'on mette notre mère dans la voiture pour l'emmener à l'hôpital de La Roche-sur-Yon. C'est la déshydratation qui a d'abord inquiété les médecins. Ils ont décidé de l'hospitaliser. Pendant les nouveaux examens, Morgane et Enzo tuaient le temps chez Jérôme, Jérôme tournait en rond, Manon et moi, on essayait de distraire Yonah à Nantes en faisant des allers-retours. Un soir, on est allés dîner en tête à tête avec Manon à la mer, pour souffler un peu parce qu'il avait fallu annuler les vacances au camping… Au restaurant, j'ai reçu un appel de Morgane :

– Je sais pas pourquoi, Roman, j'ai un mauvais pressentiment…

Elle avait bien grandi, ma petite sœur… J'ai répondu :

– Moi aussi… Je pense à un cancer…

Manon m'a écrit sur un papier qu'elle m'a tendu sous les yeux pendant que je parlais au téléphone : « Rien n'est perdu. »

Moi, je savais que si.

Le lundi 9 août, notre mère a envoyé un message sur le groupe Messenger familial :

– Je fais une péritonite, mes loulous… Je suis désolée mais je pars au bloc, bisous bisous.

Elle nous a dit ça sur Facebook ! Comme elle nous aurait dit qu'elle allait se baigner.

Inutile de dire que je ne travaillais pas, Manon non plus. Nous tournions tous en rond en essayant au maximum de distraire Yonah : piscine, balades au centre commercial avec petits cadeaux, cinéma. Mais Yonah n'aimait pas trop s'éloigner de l'hôpital…

– Moi, j'ai passé moins de temps que vous avec Maman parce que je suis plus jeune, donc je veux profiter d'elle…

Elle avait tout compris…

Le mardi 10 août, en arrivant à l'hôpital, la médecin nous a harponnés avant qu'on entre dans la chambre, Morgane, Manon et moi :

– Je peux vous parler ?

Il n'y a pas besoin d'avoir fait psycho pour savoir lire sur les visages. Machinalement, j'ai demandé :

– C'est grave ?

– Oui. C'est très grave… Suivez-moi, nous allons annoncer les résultats à Mme Malo.

On a su que c'était un verdict plus que des « résultats ». On est entrés, accompagnés de ce que l'on appelle « une infirmière d'annonce ». La médecin a dit à notre mère :

– Madame Malo, nous avons reçu tous les résultats. Malheureusement, ils ne sont pas bons…

– J'ai un cancer ? a demandé ma mère.

– Oui…

– Stade 1 ? 2 ?

– Non, madame Malo… Stade terminal.

Notre mère a accusé le coup. Pour nous, ce n'était pas une nouvelle mais une confirmation. On lui a expliqué rapidement que c'était l'inflammation de la poche qui entourait l'abdomen qui la faisait tant souffrir depuis des mois, et que sa tumeur tapissait l'estomac, la rendant indétectable au scanner. Après, j'ai demandé cent fois à notre mère si c'était pour ne pas manquer son travail qu'elle ne s'était pas attelée sérieusement au problème, si elle avait eu peur de perdre de l'argent. Elle répondait que non, mais elle était dans une telle reconnaissance envers Hyper U : « Il m'a fait confiance, le patron, Roman, tu sais ? » Est-ce qu'on peut mourir pour un CDI ? Est-ce qu'avec de l'argent, elle se serait écoutée ? Fait soigner ? On ne saura jamais.

Maman a demandé encore :

– Il me reste combien de temps à vivre ?

La médecin et l'infirmière nous ont regardés. La vérité, c'était quelques jours, quelques semaines au mieux. Terminal, c'est terminal. Mais il fallait que ça imprime sa conscience. La médecin a répondu :

– Je ne sais pas, madame.

Alors Maman a lâché, sans pleurer, comme paralysée :

– Il n'y aurait pas les enfants, je me suiciderais ce soir.

On serrait les dents. On n'a pas pleuré. On lui a dit qu'on allait se battre. Comme on l'avait toujours fait.

– Mais elle peut mourir quand ? j'ai demandé au médecin quand on est sortis.

– Demain.

Manon a tout de suite dit :

– Le barreau, j'oublie, je le passerai l'année prochaine. Il faut toutes nos forces pour l'accompagner…

On a tous mis nos vies entre parenthèses. Elle serait toujours trop courte.

Notre chance, c'était que Manon était en droit pour devenir avocate en droit des victimes, forte d'un master d'éthique médicale, auteure d'un mémoire sur la prise en charge en fin de vie suite à un stage en soins palliatifs, ça ne s'invente pas ! Du coup, elle parlait d'égal à égal avec les médecins. Notre mère ne souffrirait pas.

Je menais une double vie : d'un côté la réalité d'un état de santé déclinant à vue d'œil de jour en jour, contre quoi je ne pouvais rien ; de l'autre, l'activation impérative du mode robot pour tenter de sauver Yonah ! Yonah, c'était mon obsession.

Morgane et moi, nous avions survécu à tout, nous avions tout vu, ce drame ultime était le couronnement d'une vie de merde. Morgane s'assumait, commençait à se plaire en histoire, envisageait de devenir prof. Mais Yonah ? Le 28 août, elle allait « fêter » ses treize ans ! On vivait ce que j'avais toujours redouté : affronter une situation que notre mère avait toujours refusé de préparer.

Avec Manon, nous quittions Nantes à six heures du matin, n'y rentrant qu'à vingt-trois heures, alternant démarches auprès des instances officielles pour se renseigner sur ce qu'on pouvait faire et séjours au chevet de Maman.

Morgane passait à l'hôpital parfois avec Enzo, parfois avec Yonah. Jérôme venait après le travail, persistant dans son déni :

– Vivement que tu rentres, ma puce ! Je t'appelle ce soir !

Il me faisait peine et m'agaçait à la fois. On lui avait dit mais il n'entendait pas. Quant à notre mère, c'était difficile de savoir ce qu'elle éprouvait, ce qu'elle savait, ne savait pas.

L'abandon, ce n'était pas Natacha. On a assisté désemparés à une alternance de phases de lucidité éclair, essentiellement devant Manon et moi, et de pensée magique, systématiquement devant Yonah, les plus fréquentes.

– Roman, comment tu vas faire, seul avec tes sœurs ?

Puis :

– Yonah, ma minette, Maman va perdre ses cheveux, ce sera les médicaments, ton frère et ta sœur vont t'expliquer, hein ? Tu lui expliqueras, Roman, pour la perruque…

Puis :

– Les enfants, je suis désolée qu'on ait annulé le camping. On partira l'année prochaine !

Puis :

– Roman, tu sais très bien ce qui arrive…

Quand elle était lucide, elle switchait très vite, n'attendait pas la réplique, passait à plus gai ou fermait les yeux. Et ce n'était pas le moment de les lui ouvrir, du moins pas trop frontalement. Elle ne semblait pas particulièrement angoissée. De temps en temps, les médecins lui donnaient un petit anxiolytique. C'est terrible, mais je crois que notre mère a été moins tourmentée au seuil de la mort qu'elle ne l'avait été tout au long de sa vie.

Pendant une dizaine de jours, elle a perdu une fonction essentielle tous les jours, comme mon père en son temps. C'était difficile de voir une femme qui n'avait jamais tenu en place finir par ne plus se laver toute seule, ni aller aux toilettes. Elle continuait pourtant à faire des projets : le chien, c'était pour octobre. Ses paramètres biologiques étaient de plus en plus dans le rouge. Un jour devant la porte, un médecin m'a demandé :

– Vous la trouvez comment aujourd'hui ?

J'ai répondu :

– Pas si mal.

– Oui… C'est incroyable, qu'elle tienne. Avec des bilans pareils, elle devrait déjà ne plus être là…

Une fois, je suis entré derrière un médecin pas mal physiquement. Elle a lancé en trouvant encore la force de plaisanter :

– T'as vu, Roman ? On a de beaux médecins ici, hein !

Dès le diagnostic, j'avais foncé au bureau de l'assistante sociale :

– Il faut qu'on prépare l'après… Notre mère va mourir…

– Mais non…

– Si.

Même les gens du social peuvent être superstitieux… Mais ce n'était plus l'heure de s'aveugler. Notre interlocutrice était une jeune femme sympathique, qui faisait ce qu'elle pouvait avec seulement une collègue pour gérer les cas de tout l'hôpital de La Roche-sur-Yon. Elle nous a fait faire une bonne chose, monter un dossier en ligne auprès de la Ligue contre le cancer pour payer une partie des frais d'enterrement. J'aurais évacué la question purement matérielle si je n'avais pas le cruel souvenir de l'enterrement de notre père. Or il fallait être clair : on n'avait pas plus d'argent pour payer la tombe de notre mère neuf ans plus tard !

Au sujet de Yonah, l'assistante sociale se montrait plus floue. Parce que « C'est rare, comme cas », mais nous, on avait toujours donné dans le rare… Elle a appelé le tribunal, téléchargé des dossiers à remplir. Si l'on voulait garder Yonah, il fallait que notre mère remplisse les papiers pour une « délégation de l'autorité parentale volontaire », valable quand on ne peut pas s'occuper de ses enfants, en général provisoirement, en cas de longue maladie par exemple. Parallèlement, nous ferions pour doubler nos chances une « demande de l'autorité parentale ». Cette démarche se dispense de l'accord du ou des parents puisqu'elle concerne aussi les cas où le parent abandonnique est maltraitant. Un juge statue ensuite. On l'a faite sans le dire à notre mère bien sûr, motivant notre demande par son état de santé déclinant, qui déboucherait sans l'ombre d'un doute sur un décès.

Quand je suis sorti du bureau, j'ai pris Manon dans les bras et je lui ai dit en pleurant :

– Là, on est vraiment tout seuls.

– Non Roman, on n'est jamais tout seuls…

Manon, mon salut, celle qui a les clés de l'humanité ! Et pas seulement de l'humanité, mais aussi du droit ! Manon est une cérébrale, qui cogite tout le temps et qui cherchait à parer à toutes les éventualités. C'est ce qui lui a fait envisager l'embrouille. Elle m'a tout de suite dit sur un ton pragmatique :

– Faut appeler un notaire ! Pour être sûrs de faire ce qu'il faut !

– Manon... Avec quel argent je le paie, le notaire ?

On en revenait toujours là. La précarité bouffe tout. Connaître ses droits, les faire respecter, tout a un coût. Tout ! Régulièrement, Manon avait ses parents au bout du fil. Depuis le début de la descente, ils répétaient à Manon :

– On paiera, qu'il ne s'inquiète pas de ça...

Mais déjà qu'ils faisaient tout pour moi depuis cinq ans maintenant, je n'allais pas leur demander de payer pour le décès de ma mère ! Alors Madame Réseau a encore frappé :

– Mais attends... j'ai une copine notaire !

C'est la notaire qui nous a fait faire une troisième démarche : la tutelle testamentaire. Il s'agit d'un écrit de la main du parent faisant part de ses vœux en cas de décès. Ce n'était pas le plus simple à faire exécuter par notre mère, évidemment... Autant nous avions pu l'enfumer avec la délégation puisqu'elle était capable de se reconnaître en longue maladie, autant le mot « testamentaire » sur un lit d'hôpital n'était pas facile à faire encaisser.

Manon a déployé des trésors d'ingéniosité pour faire écrire ses vœux à notre mère :

– Écoute, Nat, c'est des trucs qui se font... Pour Yonah et pour nous, ce serait bien de le faire... Bon, comme ça, quoi !

C'est ainsi que Maman a écrit, sur une vulgaire feuille volante, avec deux stylos successifs parce que le premier était pourri : ne pas séparer la fratrie; ne pas confier Yonah à l'ASE; et désigner comme tuteurs son frère ou sa sœur aînés.

Trouver les justificatifs à la constitution des dossiers dans le bazar de notre mère se révéla un jeu de piste, sous les yeux de Jérôme complètement sonné et toujours incrédule. Et soudain, je me suis frappé le front en redécouvrant la catastrophe : Yonah n'avait pas de carte d'identité! Et comme on était belges, on ne l'aurait pas le lendemain. Il fallait aller au consulat à Paris, inenvisageable! Nous avons expliqué notre situation. Des cas, jusque-là! La notaire nous a aussi dit de réfléchir à la constitution d'un conseil de famille, indispensable dès lors qu'il faut décider du destin d'un enfant sans parent. Là encore, faute de famille, nous nous sommes interrogés. Nous choisirions d'ajouter à Morgane et moi Manon, la mère de Manon, Livine bien sûr, et Murielle, une plus ou moins parente belge à la mode Malo. Elle venait parfois en vacances dans la région, Maman adorait la voir.

Avant de remplir les dossiers, il fallait définir un projet de vie pour Yonah. Quand nous nous sommes attablés avec Morgane, je lui ai dit :

– Heureusement qu'on a eu cette conversation il y a six mois…

Nous avons validé que Morgane prendrait Yonah à Dijon. Elles entretenaient une joyeuse complicité de sœurs, et Yonah aurait besoin de sa légèreté autant que de sa féminité maternante. Moi, je n'habitais plus sous le même toit que Yonah depuis sept ans. Morgane aurait aussi plus de temps en licence que moi en troisième année de thèse. Je sentais mal Enzo en beau-père, mais nous avons de toute façon jugé qu'il serait mieux pour Yonah qu'elle aille en internat la semaine, pour ne pas être livrée à elle-même quand Morgane était en cours. Mais quel internat ? Nous étions le 15 août et aucun établissement ne répondait au téléphone !

Restait la question des ressources et leur justification auprès d'un tribunal, c'est-à-dire l'essentiel. C'est là que nous avons découvert que « l'allocation fraternelle » pour élever un mineur de la fratrie n'existe pas ! C'est le foyer de l'Aide sociale à l'enfance, qui doit coûter quelques milliers d'euros au contribuable, ou rien ! Nous n'avions aucun droit.

La seule idée d'imaginer Yonah gâcher ses chances de s'en sortir en atterrissant en foyer me bouffait ! Ni notre mère, ni Morgane, ni moi, n'avions pu vivre tout ça pour en arriver là ! Les parents de Manon ou ma marraine à qui l'on en parlait assuraient :

– Il y a forcément une solution, des aides ! Enfin, ce n'est pas possible !

Non, rien ! Un vide juridique, social, financier, total ! Tout le monde répétait ce que je me disais en moi-même :

– Mais comment c'est possible ? C'est forcément arrivé à d'autres ?!

Nous ne pouvions justifier d'aucune promesse d'embauche puisque nous n'étions pas dans la vie active. Ce n'est pas mes trois mille euros par semestre d'enseignement qui pouvaient convaincre des juges de nous laisser Yonah, ni sérieusement faire prétendre à l'élever. Mon compte affichait déjà zéro, Morgane pareil, et ce qui nous attendait de « l'héritage », c'était plus probablement des dettes. La notaire, mise au courant par Manon de notre situation d'extrême précarité, nous a d'ailleurs donné ce précieux conseil en forme d'ordre :

– Surtout, ne signez rien ! Rien sans me consulter !

On découvrirait effectivement quarante mille euros d'arriérés, dont des dettes initialement de mille euros devenus huit mille une fois chez l'huissier par la magie des taux d'intérêt, pénalités de retard, etc. Certaines dataient de notre père ! Même la voiture de notre mère était gagée ! Nous aurions un mal fou à la récupérer.

Morgane a tout de suite décrété :

– La seule solution, c'est que l'un de nous deux arrête ses études pour prendre un boulot. Et comme t'es en thèse, Roman, c'est moins de gâchis que j'arrête ma licence. Je trouve un boulot, et voilà !

– Pourquoi toi, Morgane ?

– C'est moins grave… T'as toujours voulu faire des études et t'es doué…

Morgane passait son temps à dire qu'elle n'était pas « douée », et ce n'était pas Enzo qui l'aiderait à penser le contraire. Il méprisait autant ses « études pourries » que sa « famille de merde ». Morgane n'avait pas investi la sphère intellectuelle aussi tôt que moi, c'est sûr. Elle avait investi la sphère masculine et conjugale avec un empressement remarquable, on ne peut pas être partout ! Mais je voyais bien qu'elle changeait et il était hors de question qu'elle arrive sur le marché du travail sans diplôme, frustrée des études qui commençaient à lui plaire. J'ai été ferme :

– C'est pas une solution, Morgane. Maman n'a pas fait tout ça pour en arriver au sacrifice d'un enfant pour en sauver un autre.

– Alors je vois pas…

Moi non plus, je ne voyais pas. Manon, en parallèle, me semblait « délirer » :

– Le barreau, j'ai mis une croix dessus pour cette année, alors je vous jure que je vais me démener et vous décrocher une télé ! Personne ne vous laissera comme ça !

– On n'est pas les premiers, je répondais…

– Tu verras ! Et puis je vais lancer une cagnotte en ligne pour payer l'enterrement !

Là, Morgane et moi étions vent debout :

– Une cagnotte pour la mort de notre mère ? Alors qu'elle a passé sa vie à ne pas demander un centime ? Qu'elle en est morte ?

– Justement ! On fait bien des cagnottes pour sauver la patte d'un chien ! Vous ne croyez pas que l'enterrement de votre mère vaut bien la patte d'un chien ?

Enzo renchérissait :

– Ouais, moi je pense qu'il faut sensibiliser une star ! Quelqu'un qui a plein de followers !

J'ai haussé les épaules :

– Laissez tomber ces conneries… j'ai répondu.

Beyoncé n'allait pas nous aider à enterrer Natacha Malo en Vendée. Des inconnus non plus. À élever Yonah encore moins.

La générosité des gens, je n'y croyais pas du tout. Ce n'est pas dans la précarité qu'on apprend la confiance. Pour tenter rationnellement d'obtenir une aide financière, nous avons remué ciel et terre, à commencer par les services associatifs d'aide aux familles, avec qui les choses se sont très mal passées. Je n'ai jamais vu des gens qui avaient aussi peu de ressources que les « personnes ressources », comme on les appelle. C'était un dialogue de sourds :

– Il n'y a pas d'assurance-vie ? Sur qui pouvez-vous compter ? Il y a bien un membre de la famille qui…

On était seuls, tout seuls, et il paraît que ça n'arrive jamais, des gens qui sont tout seuls… ! Et quand ça arrive ? La case n'existe pas.

Yonah m'a demandé un jour en sortant sur le parking de l'hôpital :

– Elle va pas s'en sortir, Maman ?

J'ai rassemblé toutes mes forces pour ne pas avoir la voix qui tremble en répondant :

– Non, elle ne va pas s'en sortir… Mais nous, oui !

Yonah était une petite fille très courageuse, qui tiendrait toujours bon, comme nous, parce qu'avec ce qu'on a traversé, on est solides. Mais je m'en voulais parce qu'à ses quatre ans, juste après la mort de notre père, elle m'avait demandé si Maman allait mourir aussi. J'avais répondu en riant :

– Oh oui, un jour ! Mais quand tu seras vieille aussi, tu auras déjà des enfants !

Ça lui avait semblé tellement loin… Je n'aurais jamais pensé que je lui mentais.

À côté de cette organisation administrative, on a vu beaucoup d'humanité se mettre en place autour de nous, sans vraiment en prendre conscience sur le moment. J'étais dans l'action, pas dans l'émotion. Les soignants de l'hôpital ont fini par comprendre la configuration familiale. Ils voyaient les allées et venues à Nantes pour Manon et moi, Yonah tantôt avec nous, tantôt avec Morgane et Enzo chez Jérôme, le compagnon un peu largué qui passait le soir pendant qu'on se battait comme des lions. Un jour, Jérôme nous a reproché de l'exclure, parce qu'on sillonnait sa maison, on remplissait des dossiers, on passait des coups de fil, on s'agitait sans lui. On ne l'excluait pas. C'était lui qui refusait de s'inclure dans le cercle de ceux qui voient la vie en face, parce que la vie, c'est la mort. Il était vraiment gentil, mais il nous regardait incrédule, les bras ballants, trouvant qu'on allait trop loin. Enzo en a fini par lui gueuler dessus :

– Mais ouvre les yeux, merde ! Natacha va mourir ! C'est une fin de vie, là !

Jérôme est resté dans le déni dans la maison du bonheur pendant que le personnel soignant nous autorisait à dormir dans le salon des familles. Ce n'était pas prévu par le règlement, mais nous étions… des cas particuliers !

Nous avons fait du salon des familles notre camping. Matin et soir pendant sept jours, on a replié et déplié le clic-clac, Morgane, Manon et moi ; Enzo et Yonah abrités chez Jérôme. On collait des spaghettis-bolognaise en barquette dans le micro-ondes. Mes amis sont venus nous gâter, Louis avec des paniers de fruits et de légumes parce qu'on bouffait de la merde, d'autres amis avec des sushis. La nuit, alignés comme une portée de chiots sous les couvertures de l'hôpital, on ne trouvait pas le sommeil, alors on parlait :

– Il faut l'entourer comme pour un voyage, assurait Manon. Voir ça comme son dernier voyage…

Notre mère, on l'a vraiment chouchoutée. Nous avons fleuri sa chambre, développé des photos de famille qu'elle ne connaissait pas. Mes sœurs lui massaient les pieds. Nous lui parlions gaiement quand elle était réveillée. La nuit, nous faisions des rondes pour nous assurer qu'elle respirait bien, qu'elle ne souffrait pas, mais elle était vraiment bien prise en charge. Nous le vivions à la fois bien, pour être à la hauteur de sa sérénité et parce que nous avions appris à affronter les épreuves, et en même temps nous tournions dingues à force de ne pas sortir de l'hôpital sans faire plus de cinquante pas par jour. Pour la première fois de ma vie, j'avais déserté la salle de sport. Un jour, enragé comme une bête en cage, j'ai dit à Manon :

– J'en peux plus, je vais me faire une séance chez Basic-Fit ! De toute façon, ça ne changera rien !

Je suis parti me défouler à la salle la plus proche, à cinq minutes de l'hôpital. Manon m'a appelé en panique à peine j'étais arrivé :

– Viens vite, Roman ! Ta mère, ça va pas du tout !

J'ai foncé à l'hôpital, fait irruption dans la chambre où notre mère semblait profondément endormie. Nous étions tous là autour de son lit, Morgane, Yonah, Manon, Enzo… Et puis d'un coup, Maman a ouvert grand les yeux. Elle s'est exclamée :

– Bah… Qu'est-ce que vous faites tous là ? C'est pas mon enterrement !

Ça a été dur de rire… On s'est appliqués. Une demande a pourtant trahi sa lucidité :

– Il faudrait que vous preniez contact avec ma mère, ça me ferait plaisir de la voir…

– Ta mère ?

– Ma vraie mère quoi, ma mère biologique, Ursula !

Ursula, je l'avais oubliée. Elle appelait une fois tous les trois ou quatre ans à la maison et elle était dans mon esprit une mère théorique, qui s'était contentée de faire un enfant avant de l'abandonner à son ex-mari et à sa nouvelle femme. J'avais vu une fois Ursula tout petit en Belgique. Mais on ne refuse pas une dernière volonté. J'ai donc appelé Ursula, l'inconnue. Dès que j'ai exposé la situation, elle a répondu :

– On arrive !

Et elle l'a fait illico en sautant dans une voiture. C'est comme ça que j'ai rencontré Ursula, ma « vraie » grand-mère, et son mari, Patrick, dans les couloirs d'un hôpital. Patrick, qui était l'ex-mari de la nouvelle femme de mon grand-père, car ils avaient échangé leurs conjoints. Encore des cas ! C'est simple, nous avons vécu vingt ans de vie en un quart d'heure, comme dans un film, apprenant la vérité en même temps que notre mère sur son lit de mort. Ursula n'avait jamais abandonné sa fille ! Elle avait été vaincue par une guerre sans foi ni loi autour de sa garde, ce qui est tout à fait différent. Ursula avait juste perdu une guerre judiciaire qui avait usé d'armes immorales, ce qui était sensiblement différent de la légende ! Là-dessus, Patrick m'a annoncé :

– Et moi, je suis ton parrain !

Mon parrain… Ma mère m'avait toujours dit que je n'avais pas de parrain ! Tout de suite, quand nous avons été seuls avec eux, ils nous ont posé cette question simple qui ne vient pas à l'esprit de tout le monde :

– Et vous, comment vous allez ?

Ils voyaient bien que nous vivions dans une galère sans nom, et au lieu de nous dire « Si jamais vous avez besoin… », ils nous ont fait un virement de mille euros sans plus de formalités. De parfaits inconnus ! Ursula et Patrick ont été un vrai soutien lors de ces tout derniers jours, vraiment attentifs, contrairement au père qui avait élevé notre mère avec sa femme, et dont il vaut mieux ne rien dire.

– Tu les aimes ? me demandait Manon au sujet d'Ursula et Patrick.

– Je… je sais pas, je bredouillais.

J'étais sonné. Je regrettais de ne pas les aimer déjà, de ne pas les avoir connus plus tôt. J'ai aussi appris que ma mère avait une demi-sœur, docteure en biologie, mariée à un physicien, qui rêvait de la connaître… Je découvrais stupéfait ma vie, celle de ma mère, les morceaux se recollaient, le puzzle prenait forme… Mais c'était tellement trop tard !

Si notre mère voyait la famille rassemblée autour d'elle, même Murielle, l'amie belge qui avait rappliqué illico elle aussi, elle refusait tout de même de penser au pire ouvertement. C'est encore Manon qui éviterait qu'on se retrouve désemparés quand l'inéluctable serait arrivé. Elle m'a demandé :

– Et elle le voit comment, son enterrement ?

Je soupirais, de fatigue que jamais rien n'ait été discuté avant :

– Je ne sais pas, Manon…

– Mais faut lui en parler, Roman !..

– …

– T'inquiète pas, je me débrouille !

C'est comme ça que j'ai assisté à des conversations surréalistes d'une Manon très enjouée qui demandait à Maman :

– Oh là là, mais vous pensez quoi, vous des gens qui se font incinérer, Natacha ? Parce que je lisais encore un article ce matin, vous savez avec mon mémoire…

– Je trouve ça bien, moi, avec les cendres dispersées dans la mer…, répondait Maman comme si nous avions été dans un dîner sympa.

Voilà qui était dit.

J'ai tenu à ce que l'on s'occupe en amont des pompes funèbres, pour ne pas revivre le cauchemar de la mort de notre père, avec tout au rabais, bâclé, jusqu'aux musiques qui n'étaient pas les bonnes. J'ai appelé plusieurs entreprises en exposant notre cas, une femme en phase terminale, notre « non-budget », le vœu d'incinération… Les chiffres me faisaient bondir ! Certains se frottaient déjà les mains en pensant aux « options », posaient des questions déplacées sur « la défunte » et le futur maquillage qui lui serait nécessaire. Je gueulais :

– Mais elle est pas encore morte !

Je demandais si l'on pourrait échelonner le paiement, sur combien de temps, par tranches de combien. À peine si on ne me raccrochait pas au nez.

Parfois, je m'écroulais portable en main :

– Putain, Manon ! On ne va pas y arriver… Ça recommence. L'histoire se répète. Je ne veux pas qu'elle soit enterrée comme un chien…

– Mais non, Roman… On va trouver…

Manon avait raison. J'ai fait plusieurs entreprises jusqu'à tomber sur la seule qui ne nous a pas parlé d'argent. Quand j'ai demandé si l'on pourrait payer en plusieurs fois, la personne m'a tout de suite assuré :

– On s'arrangera… Profitez de votre maman, on verra après…

On s'est dit qu'on les prendrait eux, pour leur humanité. Leurs tarifs étaient dans la moyenne.

Il a aussi fallu demander à notre mère quels étaient ses chanteurs préférés :

– Soprano !

– Ah non, Maman, pas Soprano, pitié ! Non, celles que tu aimes depuis toujours…

– *Sarà Perché ti amo*, ça j'aimais bien du temps de votre père, et puis Olivia Ruiz, *J'envoie valser*, ou *La Vie* du groupe Madame Monsieur, ou bien…

Maman, ce juke-box… Elle était assez shootée pour ne pas s'arrêter à la bizarrerie de nos multiples demandes, ou bien elle faisait semblant. Souvent, quand nous étions tous les deux, elle me parlait de Yonah. Elle répétait :

– Je ne l'abandonne pas, hein, Roman ? Mais il faudra bien vous en occuper !

– Promis, Maman !

Notre mère était partagée entre la volonté de vivre et la conscience qu'elle allait mourir, qui la traversait forcément.

Son rôle de mère, c'était toute sa vie. Jérôme nous a confié à cette époque quelque chose qui nous a déchirés :

– Vous savez, parfois, elle pleure de la vie qu'elle vous a donnée…

Pleurer ! Alors qu'elle avait fait de nous des milliardaires de l'amour !

Le 19 août, vers vingt heures, elle m'a dit avant de s'endormir :

– C'est important que tu prennes le temps de penser à toi, Roman…

C'est la dernière phrase qu'elle m'ait dite de sa vie.

Chapitre 11

Notre mère est morte vers dix heures du matin le 20 août 2021. Peu de temps avant, Yonah avait demandé à lui parler, et au bord du lit, elle lui avait chuchoté :

– Maman, je m'excuse de toutes les bêtises que j'ai faites.

Mignonne petite sœur, qui n'en avait jamais fait aucune…

Je l'ai emmenée au parc pour qu'elle n'assiste pas aux derniers instants, toujours impressionnants. Morgane, très mature, a tenu à rester, comme Manon, tantôt seules, tantôt ensemble. Avec Yonah, nous avons marché, à peu près sans parler, sinon que je répétais :

– Ça va aller…

Yonah nous avait toujours regardés comme des références absolues, Morgane et moi, la féminine et la masculine. Elle nous faisait confiance, et à vingt et vingt-cinq ans, c'est vrai que nous avions les épaules pour l'encadrer. Je me suis parfois dit qu'au fond notre mère avait tenu jusqu'à ce que ce soit le cas. Mais Yonah n'avait que treize ans, et une maman, c'est une maman…

Les emmerdements nous ont vite rattrapés, dès les minutes qui ont suivi le décès. Pour descendre le corps en chambre funéraire de l'hôpital, il fallait signer un devis de pompes funèbres. Sinon, j'apprenais que l'établissement n'a pas le droit de garder le corps puisque personne ne s'engage à le récupérer. Il prend donc la direction de la fosse commune. Sauf que devis en mains, dans les quatre mille euros, on s'est rappelé que la notaire nous avait dit de ne rien signer sans son accord. Elle devait d'abord évaluer le montant des dettes. Mais elle ne répondait pas. On lui a laissé un message, ne sachant comment faire, tentant de gagner du temps. Certaines minutes semblent longues… Je répétais à Manon :

– Je ne veux pas qu'elle soit enterrée à la fosse commune ! Jamais. Je ne pourrais jamais vivre avec ça…

– Ne t'inquiète pas, soufflait Manon.

Finalement, la notaire nous rappelés pour nous rassurer :

– Non, ça, c'est bon. Ça n'a rien à voir avec les dettes.

Notre mère a été descendue dans la chambre funéraire… Je me tordais les mains dans le salon des familles en me demandant comment nous allions payer une somme que nous n'avions pas… C'est là que Manon est revenue à la charge avec son idée de cagnotte. En future avocate, elle argumentait ferme :

– Natacha, elle ne mérite pas un bel enterrement ? Avec tout ce qu'elle a fait pour vous et pour tout le monde toute sa vie ?

– Manon, on a la vie d'une gamine à financer, on ne peut même pas payer pour un décès !

– Personne ne s'en doute, Roman ! Alors on va expliquer la situation aux gens, dire que c'est pour l'enterrement de votre maman qui a été formidable…

– C'est la honte, Manon ! J'ai passé quinze ans de ma vie à cacher la misère, tu crois que c'est pour l'étaler devant tout le monde ?

– Tu ne peux pas être aidé si tu ne demandes pas de l'aide ! Et les gens ont le droit de savoir pourquoi ils donnent ! C'est même un devoir, de leur dire ! Laisse-moi faire !

Je n'avais pas la force de lutter. De toute façon, les gens étaient égoïstes et ça ne servirait à rien.

Il y a une seule chose dont j'étais certain, c'était qu'il fallait monter une association pour sensibiliser les pouvoirs publics à ce que nous traversions, qui parlerait de la précarité et des accidents de la vie impossibles à affronter quand on y est, en particulier quand il reste à élever des enfants mineurs. Je gardais ce projet pour l'après, quand nous aurions déjà trouvé une solution pour l'enterrement – et pas la fosse commune –, une solution pour la survie de Yonah – et pas le foyer de l'Aide sociale à l'enfance.

Manon a mis en ligne « sa » cagnotte le lendemain du décès de notre mère. Elle l'a intitulée : « Un enterrement digne pour Natacha et un soutien pour les enfants Malo ». Elle a activé les notifications de son téléphone. J'ai entendu *bzzz*, une fois, puis une autre. Manon me disait :

– On a eu cinquante euros de Mme Untel… Tiens ! Et dix euros de « Anonyme ».

Au début, je restais prudent. Un hasard. L'heureuse coïncidence des affects de quelqu'un avec notre appel, sans doute. Mais les dons et messages se multipliaient. Des petits mots de condoléances, d'encouragements, d'empathie... Venant de personnes probablement aussi pauvres que nous parfois, donnant dix euros, s'excusant de ne pouvoir faire davantage. Au long de ces quelques jours, toute ma perception du monde se brouillait : ils ne s'en foutaient donc pas, les gens ? Manon haussait les épaules. Elle le savait, elle ! J'ai fini par m'intéresser à cette cagnotte, suivre son évolution, lire les messages. Je n'en croyais pas mes yeux... C'était bouleversant. Quand on a atteint deux mille euros, j'ai pleuré pour de bon : on pouvait payer le bel enterrement, avec même les soins funéraires !

Nous avons opté dans la boutique de pompes funèbres que nous avions choisie pour une formule à quatre mille cinq cents euros après avoir eu une bonne surprise, il en faut bien. Le compte en banque de notre mère incluait une assurance obsèques de trois mille euros. De son côté, la Ligue contre le cancer alertée par l'assistante sociale payait sept cents euros. Est venu l'ultime cadeau de l'entreprise de pompes funèbres, quand on s'est présentés pour échelonner le règlement du reste à payer :

– C'est bon, ça ira... Prenez soin de vous...

Incroyable ! Après l'humanité des médecins, celle d'autres humains, je découvrais la bonté des pompes funèbres. La mort de notre mère a changé ma vision des autres, dans le bon sens. Je vivais en permanence ému, et c'était davantage par les belles choses que par le deuil, comme un ultime cadeau que notre mère nous aurait fait.

Notre mère a été incinérée, en présence de ses amis des mauvais jours et des meilleurs, de sa famille, l'ancienne et la nouvelle, de nos amis et familles d'amis, à nous trois, de tout l'Hyper U de Chantonnay, y compris le patron qui nous a dit tout le bien qu'il pensait d'elle, du maire de Sigournais, et de tous les administrés à qui elle avait rendu service ou chez qui elle avait fait le ménage, ce qui faisait finalement beaucoup de monde. Au son des chansons que notre mère chantait si souvent, on les regardait en se disant : « Elle était vraiment aimée, notre Maman… ». Et je ne pouvais m'empêcher de me demander : comment on peut avoir eu une vie aussi nulle en étant aussi aimée ? Et puis je me souvenais… J'avais passé des années à m'angoisser en me demandant : ce sera quoi, sa vieillesse, avec pas un rond ? Ensuite, elle avait rencontré Jérôme, et je l'avais brièvement imaginée chantonner dans un camping-car sur les routes de France, il n'est jamais trop tard pour être heureux. Finalement, nous en étions là… L'avenir de Yonah était plus préoccupant encore que l'avenir de notre mère. J'avais eu peur pour la vieillesse de l'une, c'était finalement la jeunesse de l'autre qui me mobilisait tout entier. J'ai lu un texte qui parlait des cycles de la nature, la terre d'où l'on vient et où l'on retourne, une notion qui apaisait Maman, même si elle avait choisi la mer… Nous avons organisé un goûter de remerciements pour l'assistance, un apéro le soir pour les plus proches au bord du lac de Rochereau, là où notre mère aimait nous emmener promener avec les chiens, où j'avais tenté de trouver la paix, adolescent inquiet car lucide.

Nous avions encore moins le temps de « faire notre deuil » qu'après la mort de notre père. Il n'était pas question de partir chercher la sérénité quelques jours à la mer. La mer, on irait l'été suivant pour jeter l'urne soluble dans l'eau que nous avions choisie pour les cendres. On ne pouvait pas non plus chercher à se convaincre que nous allions repartir sur de nouvelles bases. Les bases étaient en cendres.

Ma super marraine était près de nous, bien sûr, comme les parents de Manon ou les « nouveaux » parents de notre mère. Tous nous ont dit :

– On ne vous laissera pas dans la merde…

Le problème, c'est que nous n'avions pas besoin de trois cents euros pour acheter des bricoles ou financer un besoin provisoire, mais qu'il nous fallait envisager d'élever une gamine durant des années ! Et convaincre des instances judiciaires que nous en étions capables, preuves à l'appui !

Manon, qui est une obstinée, avait mis à exécution son projet de contacter les médias pour les sensibiliser à notre situation dans les jours qui avaient précédé. Silence radio, comme je l'avais prévu. La seule personne qui nous avait répondu est Lucile Akrich, journaliste au *Journal du Pays Yonnais*, le quotidien régional du coin. Nous nous étions donné la peine d'aller rencontrer cette dame dans son bureau. Nous lui avions raconté « la merde » dans laquelle nous étions, depuis la naissance, les drames successifs, la dérive, l'enfermement dans un milieu social. Elle avait compris que ce n'était pas le décès, la question, mais la vie. Le drame de la précarité illustré par le réel, à l'intention de ceux qui ne l'auraient pas compris : elle vous confisque tout, même l'avenir ! Elle sortirait l'article après le décès, évidemment, avec le lien de la cagnotte que Manon tenait absolument à mentionner.

J'ai laissé faire. De toute façon, cet article finirait vite dans une poubelle.

D'ici là, l'urgence était de régler la situation de Yonah. J'ai fait toutes les démarches au tribunal pour récupérer l'autorité parentale conjointe avec Morgane. Les ressources à justifier, on verrait plus tard. Même si je ne voyais pas lesquelles. En ayant aucun moyen de subsistance, déposer notre requête nous mettait dans la peau de gros mythos. Mais je n'avais qu'une certitude : Yonah n'irait pas dans un foyer ! Il aurait fallu me passer sur le corps. Première réaction au tribunal :

– Ah, la personne est décédée ? Bon, la demande d'autorité comme la délégation, ça ne vaut rien !

Ça commençait bien… Manon avait été bien inspirée de nous faire conseiller par une notaire puisque « la personne étant décédée », seule la tutelle testamentaire qu'elle nous avait recommandé de faire en plus pouvait être acceptée ! Les deux autres démarches ne servaient strictement à rien ! On a joint la pauvre feuille de papier avec l'écriture manuscrite bi-stylos de Maman aux autres pièces. Il ne fallait pas qu'on nous réclame la carte d'identité de Yonah… Nous avons mis l'acte de naissance.

Toute la deuxième quinzaine d'août, nous l'avons passée la tête dans le guidon, dormant chez Jérôme comme Morgane et Yonah, ou chez nous à Nantes. On triait les affaires de notre mère sous les yeux de son futur pacsé, complètement dépassé, dévasté. On a beaucoup donné, beaucoup jeté. Le « butin » reflétait bien une vie de misère... On résiliait les abonnements, on s'acquittait des démarches officielles, en pleurant peu. Pas le temps. Nous avons aussi empaqueté les affaires de Yonah en l'absence de toute autorisation judiciaire et de tout projet balisé. J'avais le sentiment de préparer un départ en cavale. J'ai enfin décroché un rendez-vous dans un collège du centre-ville de Dijon pourvu d'un internat qui disposait d'une place. Trois à quatre cents euros par mois, cantine comprise. Nous ne les avions pas. Nous ne savions pas quoi faire, à part qu'il fallait avancer.

L'article de Lucile Akrich est sorti le 29 août. Une pleine page, avec le lien de la cagnotte dans un encadré spécial. La journaliste avait tout compris, retracé notre vie en remontant à la Belgique, le rêve avorté de l'élevage de chiens, notre père et ses dettes, son cancer, jusqu'à la triste fin de notre mère et notre angoisse actuelle pour le destin de Yonah. C'était un récit fidèle, qui ne donnait pas dans le pathos et reflétait la réalité de millions de gens en France qui ne veulent pas se montrer, des gens dont personne ne soupçonne l'existence parce qu'ils ne sentent pas la misère. Les photos de nous, blonds sous le soleil, aussi bien habillés que d'habitude, propres et souriants ou presque, auraient pu passer pour les souvenirs de vacances d'une fratrie de bourgeois. C'est ce que notre mère avait fait de nous. Je ne peux pas dire que j'étais fier pour autant d'être dans le journal, loin de là. Est-ce que nous ne faisions pas l'aumône? Les premiers échos, de connaissances ou amis, m'embarrassaient, malgré leur grande gentillesse :

– Mon gars, jamais on n'aurait cru que t'avais galéré à ce point-là...

– Putain, mec, mais fallait nous dire!

Dire quoi? Puisque je n'avais survécu qu'en le cachant. Même des amis très proches comme Louis découvraient toute notre histoire... J'aurais préféré continuer à tricher et que notre mère vive, Yonah avec elle.

Au bout de quelques heures, la journaliste nous a appelés. Quand nous l'avions rencontrée, elle nous avait prévenus pour nous épargner toute déception :

– Je ne sais pas si cela va intéresser les gens, mais on verra bien. C'est important d'en parler.

Là, c'était pour nous dire :

– Écoutez, je reçois des messages en rafales. On vous propose... Le mieux c'est que je vous les fasse suivre!

Ça a duré des jours, des semaines même. De parfaits inconnus nous proposaient de nous accueillir en vacances, d'autres de prendre Yonah en stage d'aéronautique quand elle serait en troisième puisque c'était son rêve, d'autres de devenir famille d'accueil si jamais nous en cherchions une... Et puis Manon a reçu des notifications pour la cagnotte, de plus en plus de notifications, le téléphone faisait *bzzz* en continu. Moi-même, je croisais l'article partagé sur les réseaux sociaux, mes contacts du monde de la musculation jouaient le jeu à fond, des amis, et des amis d'amis, des inconnus. Les commentaires étaient tellement bienveillants…

La cagnotte est montée à sept mille euros, dix mille euros. Certains mettaient mille euros : « Anonyme » ! Ou dix euros avec un petit mot gentil. Mais qui donc étaient ces gens ? À bien y regarder, une majorité de prolos et des riches qui ne voulaient pas de merci ! Je n'avais pas de famille, mais je me découvrais des centaines d'oncles et tantes inconnus qui avaient envie d'aider. Pas de famille, mais l'humanité ! C'est ce que m'avait toujours répété Manon sans que je réussisse à l'entendre. En l'espace de quelques jours, j'ai reçu une leçon de vie. On voulait financer un enterrement, les gens ont financé une existence.

Je ne pouvais plus qu'y croire : nous allions pouvoir installer Yonah avec Morgane dans un deux-pièces ! Morgane partageait jusque-là un studio avec Enzo. Les services sociaux ne confieraient jamais une ado, même seulement le week-end, dans un logement où elle n'aurait pas de chambre et cohabiterait avec un couple d'à peine plus de vingt ans ! Morgane commençait aussi à sentir qu'Enzo n'avait pas la carrure pour élever une gamine. On avait de quoi financer le déménagement, la caution, voir venir les premiers mois… Le temps que le tribunal statue.

Et puis est venu l'emballement. En allant sur les réseaux sociaux, je voyais sur mon propre fil d'actu l'article partagé, ou le lien pour la cagnotte, indépendamment de tout lien de connaissance. Nous avons même été le top tendance de Twitter l'espace de quelques heures ! Quant à Lucile Akrich, c'était la première fois qu'elle avait un article avec... un million deux cent mille vues ! On est passés à vingt mille euros, trente mille... Là, les médias nationaux ont suivi.

Les e-mails de Manon étaient restés sans réponse jusque-là parce que notre histoire semblait louche. Était-ce bien vrai, cette fable ? Est-ce qu'il n'y avait pas anguille sous roche ? Beaucoup de gens imaginent que l'État pourvoie à tout, qu'on ne pousse pas de jeunes majeurs à arrêter leurs études quand ils sont orphelins et qu'un mineur reste à élever. Mais si... L'article du *Pays Yonnais* relayé sur Actu.fr et tous les réseaux sociaux, le montant de la cagnotte, ont eu raison de leurs doutes, les ont fait se renseigner, et ont alerté d'autres gens. Nous avons eu *Ouest-France*, la plateforme Néo, *Closer*, Europe 1. Nous avons reçu l'appel de l'émission de France 2 qu'on adorait, « Ça commence aujourd'hui ». Ils ont monté une émission autour de nous, et début septembre, nous étions sur le plateau. Sans Yonah, parce qu'elle était au collège, et aussi pour la protéger.

J'avais à peine le temps de lire tous les messages que l'on recevait, de gens solidaires mais aussi de gens qui avaient vécu la même situation, qui avaient dû aller sur le marché du travail en sacrifiant leur avenir ! Je réalisais que nous étions peut-être « des cas », mais vraiment pas les seuls à vivre cette situation. Eux ne s'étaient pas mobilisés, n'avaient pas voulu se montrer, n'avaient pas eu de Manon. Sans elle, on aurait fini comme les autres. Les précaires encore un peu fiers sont le peuple du silence. C'est comme si on avait porté leur voix. Ils nous disaient : « Parlez-en ! » Les chiffres s'affolaient. J'étais sidéré. Manon me disait tranquillement :

– Tu vois, il faut avoir confiance, Roman…

La cagnotte, fermée début octobre, a atteint soixante-dix-sept mille euros !

J'ai passé cette période à pleurer comme une merde, il n'y a pas d'autre mot. Pas parce que notre mère était morte mais parce que je découvrais la bonté humaine.

Je découvrais aussi la détresse des autres, avec des témoignages eux aussi à pleurer. Dès la fin septembre, on a créé l'association Pré-care, pour que cet argent soit géré par un conseil d'administration où ni Morgane ni moi ne figurons. Dans les statuts, il est écrit que les fonds sont destinés à subvenir aux besoins de la fratrie Malo pour assurer son autonomie financière le plus rapidement possible à l'avenir, mais aussi que son rôle est de communiquer autour de la précarité. Les mois suivants, Manon a réussi à nous faire rencontrer des élus, comme le député de Vendée Patrick Loiseau, qui nous ont tous dit ce que disait la famille ou les citoyens qui découvraient notre histoire :

– Comment est-ce possible ?

Depuis, ils sont décidés à en mobiliser d'autres pour créer un fonds d'urgence pour les orphelins. Nous sommes allés jusqu'à l'Assemblée nationale pour exposer la situation en février dernier. Mais d'ici là, comme toujours, nous devions avancer.

Yonah, Morgane et moi avons déboulé à Dijon, avec la camionnette remplie des affaires de Yonah, dans le studio que Morgane occupait avec Enzo. La direction du collège nous a reçus avec beaucoup de gentillesse, se contentant de son seul acte de naissance, nous indiquant les bourses et aides qui diviseraient le tarif de l'internat par deux. Pendant ce temps-là, Enzo demandait comment on divisait la note des courses, et si avec l'argent de la cagnotte, ce ne serait pas opportun d'acheter une voiture… Morgane a craqué. Elle l'a quitté. Ma sœur avait pensé à tout, comme remplir une demande de logement social pour avoir un deux-pièces. Sauf qu'il faut avoir la garde de l'enfant, or nous n'avions pas la garde puisqu'officiellement nous n'étions « personne » ! Elle a demandé l'allocation de rentrée scolaire, qu'elle a obtenue, et là, on a touché le fond ! On lui a demandé de la rembourser parce qu'elle n'était pas tutrice ! L'affaire est restée en suspens durant des mois durant lesquels nous sommes restés « personne » pour Yonah, sinon ses frère et sœur, jusqu'au mois de mars. Franchement, de temps en temps, on finissait par en rire ! À part que sans le moindre statut officiel, aucun service de l'État, ni juridique ni social, n'est venu s'enquérir du sort de Yonah, ce qui est un peu inquiétant. Nous espérons qu'un magistrat quelconque avait glissé dans le dossier le message « cas bien géré », sinon c'est grave ! Nous avons tout de même réussi à lui obtenir une carte d'identité quatre mois après sa rentrée, sans être personne non plus, au consulat de Belgique.

Une fois à Dijon, l'humanité a continué à se manifester…

Le député de Vendée, abasourdi par notre situation qu'il avait découverte dans les médias, a mobilisé tous ses réseaux autour de Dijon. C'est lui qui nous a permis de nous voir proposer un appartement. C'était un deux-pièces défraîchi mais fonctionnel, super bien placé, en plein centre-ville, tout proche du collège et de l'internat. Quand on a visité, Yonah a fait la moue. Mais je ne lui en ai pas voulu comme à Patrick Nobels découvrant la maison de Sigournais. Elle, en l'espace de trois semaines, elle avait perdu sa maman, son collège, ses copines, tous ses repères depuis la naissance, et elle était super mignonne, hyper courageuse, très mûre. Je lui ai dit :

– On va repeindre, Yonah ! Et n'oublie jamais d'où tu viens ! Derrière les affiches, tes murs étaient moisis !

Morgane et moi avons tout repeint en blanc. Nous sommes allés chez Ikea lui acheter un beau lit, un bureau et une chaise, une armoire. Finalement, elle s'est jetée sur son lit sans latte cassée et pas taché en soufflant :

– C'est la première fois que j'ai un lit neuf !

Elle avait même des jolis draps ! Je lui ai dit :

– Tu vois, Yonah, t'as une belle chambre d'Américaine ! Tu n'as plus qu'à accrocher tes photos !

Les guirlandes et photos de notre mère nous suivraient partout. On les aurait sauvées en premier du *Titanic*. Yonah a soufflé timidement :

– Et euh… Vous pourriez m'acheter un poster ?

Cinq euros. Elle demandait ça comme d'autres demandent une Rolex. On a acheté le poster. Je mesurais à quel point la misère était inscrite dans sa chair, comme dans la mienne. Je passais mon temps à me retenir de chialer. Et le plus difficile, c'était quand Yonah commençait. Pour la rentrée, après avoir acheté un legging basique, douze euros, la pauvre minette versait des larmes sur le parking du magasin. Je lui ai demandé :

– Bah, qu'est-ce qu'il y a, Yonah ? Ça va pas ? T'es triste ?

Elle a séché ses larmes :

– Non… Je suis tellement contente… C'est la première fois que j'ai un legging neuf !

Il faut tenir… Près d'elle en continu pendant une dizaine de jours à Dijon, je mesurais tout ce qui lui manquait, jusqu'au sac à dos pour ses affaires de classe. Ce serait son premier neuf aussi. Je me disais : ah ouais quand même… on en est là… On n'était pas des clochards, mais on était très bas ! Un jour, Yonah m'a confié :

– Tu sais, Roman, j'ai l'impression que je n'ai pas eu d'enfance.

Elle a été propulsée directement de l'absence d'enfance à l'âge adulte, du moins l'autonomie obligatoire. Ce que Morgane et moi voulions créer autour d'elle, c'était un genre de sas de douceur, pour amortir le choc, l'enchanter un petit peu…

Morgane a accompagné Yonah pour son premier jour de rentrée en cinquième. Scolarisée dans le centre de Dijon, Yonah a vite réalisé qu'elle était une bouseuse, lâchée au milieu des citadines de sa classe de cinquième toutes nanties d'un iPhone. C'était un peu difficile pour elle… Mais nous étions passés par là. Nous lui avons expliqué que le bonheur n'est pas dans un téléphone, au risque de goûter un bonheur à l'obsolescence programmée. Il faut le chercher ailleurs. Alors elle s'est inscrite au club de basket et au club d'échecs, là où nous n'avions jamais été inscrits nous-mêmes parce que nos parents ne pouvaient pas payer.

Les premières semaines, Yonah n'était pas contente d'être à l'internat, d'où nous étions convenus qu'elle nous appellerait chaque soir avant de dormir, à vingt et une heures. Elle pleurait un peu :

– C'est nul, l'internat… Je veux habiter avec Morgane…

Nous lui avons expliqué qu'il était la condition d'une belle vie le week-end, quand Morgane était disponible et que moi je viendrai de Nantes une fois par mois. Heureusement, Yonah a vite compris le bénéfice de vivre « en coloc » avec une copine. Elle a surtout compris que nous, on ne négociait pas, contrairement à l'habitude de notre mère. Elle a vu qu'en face elle avait maintenant un grand frère et une grande sœur solides, un encadrement comme elle n'en avait jamais eu, mais qui l'aiderait à grandir sans être trop angoissée. Morgane gérait toute la vie pratique, moi la logistique. Et Morgane m'a ébloui, m'éblouit encore puisque rien n'a changé depuis les règles établies dès le départ ! Elle a réussi à reprendre toute la vie de Yonah de zéro, dentiste, ophtalmo, suivi scolaire, à mener le tout en parallèle de ses propres cours en troisième année de licence et de ses quinze heures hebdomadaires à l'accueil du centre commercial. Une super mère de famille, à un point que je n'aurais jamais imaginé. Mes deux sœurs étaient déjà très proches, elles forment maintenant un tandem fusionnel.

Rentré à Nantes, je n'ai rien voulu céder au deuil. J'ai repris mon travail sur ma thèse et mes cours, avec les sauts à Dijon ou à Paris pour voir Manon qui y prépare le barreau, avec un an de retard. J'ai repris l'entraînement sportif, en tenant à honorer mon engagement en novembre aux championnats nationaux de force athlétique belge. J'ai fini sixième, parce que l'entraînement devant un téléphone ne vaut pas un en vrai. J'ai repris cette vie sans temps mort où toute minute est utilisée pour devenir plus fort et pas pour me distraire, l'œil rivé sur l'avenir plus que sur le moment présent. Mon défaut. Ce qui fait enrager Manon :

– Mais profite, Roman !

La précarité, on en guérit difficilement, même avec le bon analyste que je m'offre depuis quelques années. J'écoute un podcast édifiant plutôt que de regarder une ânerie, j'enchaîne les travaux intellectuels et l'entraînement physique, je lis ou travaille partout où je suis, je n'ai pas fait de grasses matinées depuis trois ans, je rentabilise chaque instant… parce que le temps, c'est de l'argent. Mon progrès, c'est que le soir, depuis un peu plus d'un an, je fais parfois de la poterie. Je prends des cours pour apprendre un minimum de technique et je sculpte des visages sur céramique cuite. Mon dernier, c'est Nietzsche, qui m'a beaucoup donné mais dont je n'aime pas la phrase : « Ce qui ne tue pas rend plus fort. » Pour dire des choses comme ça, il faut ne jamais avoir été blessé.

La précarité est comme un traumatisme qui s'inscrit dans le corps, je la porte dans mes os. La cagnotte nous a mis à l'abri du besoin, on pourrait croire qu'elle m'a apaisé, mais ce n'est pas le cas. Parce qu'on ne sait pas de quoi demain sera fait, ni l'accident de la vie que l'on peut avoir à affronter, ni de combien sera la facture qui me fait encore trembler quand je reçois une enveloppe à en-tête officielle, d'un fournisseur ou de l'État. Je me souviens encore de mon angoisse face aux courriers d'huissier de mes parents, je garde la peur que l'on vienne retirer de sous mes fesses la chaise de bureau sur laquelle je travaille, même si je ne dois rien à personne, et je serais milliardaire que rien ne changerait. La peur ne part pas. Elle vous colle. Elle vous poursuit.

Récemment, j'avais une paire de baskets Reebok blanches toutes simples dont la semelle se décollait, j'ai repoussé l'échéance de les remplacer quand Morgane m'a secoué :

– Il y a les soldes, là, Roman…

Impossible. C'est Morgane qui m'a fait la surprise de me les offrir au prix d'heures de travail au centre commercial. J'ai eu besoin d'une webcam à cent euros pour filmer des podcasts sur la force athlétique que je poste sur YouTube, avec mon tout nouveau statut d'autoentrepreneur. Mon cerveau tournait davantage que le comparateur de prix des enseignes, une enquête de plusieurs semaines. Pour gratter cinq euros. L'année dernière, j'ai tenu Manon une heure au téléphone depuis la FNAC où je me dandinais devant un MacBook Air, mon eldorado, outil de travail qui ne me lâcherait pas et que j'avais tout de même mérité. Mais j'étais venu pour faire réparer les charnières du vieil ordinateur dont le vendeur me donnait zéro euro à l'argus, avec un coût de réparation de trois cents euros. Manon m'a engueulé. J'ai fermé les yeux et payé. Je suis reparti angoissé d'avoir acheté mille euros en dix fois un morceau de plastique avec des circuits électriques. J'ai en plus acheté une housse à trente euros, payée cash, en me disant : ça y est, je pète les plombs ! Je porte des chaussettes trouées parce que l'une est encore bonne et que ce serait du gaspillage d'en acheter de nouvelles. Je garde les vieux tee-shirts informes « au cas où », et quand je finis sous la pression de Manon ou de Morgane par les donner au Secours populaire, ça me… coûte ! Cela ne fait que six mois que j'ai pris une carte de cinéma à quinze euros par mois après y avoir réfléchi pendant deux ans, pesant le pour et le contre. Je continue à aller sur l'appli Too good to go pour avoir des bons prix sur les viennoiseries alors que je pourrais aller direct à la boulangerie. Je regarde les prix, tous les prix, et dans des accès de pessimisme je me dis que dans vingt ans je regarderai encore le prix du PQ au kilo. Ça peut faire rire. Je peux même en rire moi-même. Mais c'est à chialer de le vivre ! Avec Manon, on projette d'avoir des enfants et je me demande déjà comment un jour je vais me sentir capable de les nourrir, les abriter, leur payer des études. M'acheter un appartement un jour, je n'y pense même pas. Je me demande comment on peut être sûr d'honorer toutes les traites sur les x années à venir. Si je n'étais pas entouré, je finirais dans une cabane au fond de la forêt et je vivrais de rien.

Je suis pourtant le premier à dire à mes sœurs quand j'arrive chez elles en week-end à Dijon :

– Non, mais il fait froid, ici !

Morgane m'explique :

– Avec le chauffage électrique, on fait gaffe…

– Non mais vous êtes malades ! Vous allez choper la crève !

Pour les autres, c'est toujours plus facile que pour soi. J'ai encouragé Morgane, la moins abîmée de nous trois, à s'acheter un ordinateur avec la cagnotte. C'est l'une des rares dépenses que l'on ait faites, avec les billets de train entre Dijon et Nantes ou Paris. Cet ordinateur a tout de même valu des remarques à Morgane à la fac : « Ah, ça sert à ça, la cagnotte ? » Oui, elle sert à ce que l'on s'en sorte, durablement, c'est-à-dire en ne rendant pas des devoirs écrits à la main envoyés par la Poste, en étudiant normalement, pour avoir moins de risques de finir à la charge de la société ! L'intitulé de la cagnotte l'annonçait. Et Morgane a préféré oublier les phrases censées être drôles comme « C'est cool de perdre ses parents, ça aide à faire chauffer la carte bleue ! », alors qu'elle s'était acheté un téléphone avec son propre argent.

Yonah a l'enthousiasme de Morgane, mais elle est aussi angoissée que moi sur les dépenses. Quand on va au restaurant, elle choisit le plat le moins cher. Je l'interroge :

– C'est parce que c'est ton plat préféré ou parce que c'est le moins cher ? Fais-toi plaisir, Yonah…

Souvent, je connais la réponse. Elle change de plat. Elle nous demande à tout propos : « Mais ça ne va pas vous coûter trop cher ? » Elle pousse des exclamations de joie au moindre achat. Morgane lui a offert le disque de Billie Eilish, on aurait cru que c'était la meilleure place pour Johnny au Stade de France. Je lui ai offert une veste sans manches, j'ai cru lui avoir offert un tailleur Chanel. On l'invite au Flunch, on croirait que c'est au Ritz. La déco de sa chambre autrefois, c'était des canettes de boissons énergisantes qu'elle trouvait jolies, on vient quand même de là... Maintenant, quand je suis à Dijon, je l'emmène prendre son petit-déjeuner chez Starbucks où elle boit son chocolat en terrasse à cinq euros. Je ne peux pas m'empêcher de lui rappeler parfois :

– Tu te rends compte que c'est pas normal, là ? Que c'est une vie d'Américaine ?

Elle rigole. On essaie de la gâter, cette petite, de lui offrir une vie consolante, un peu légère. Mais je suis toujours partagé entre la peur qu'elle se souvienne et la peur qu'elle oublie. Comme je le suis.

Payé trente-sept euros cinquante de l'heure à la fac, je dois encore me battre contre le sentiment de ne pas les mériter. Ma mère gagnait dix euros à se crever et, dans un coin de ma tête, je suis resté le petit garçon de dix ans qui mérite ses cinq euros. Mon cœur est encore chez les prolos alors que ma vie s'en éloigne, c'était mon objectif et ça me démolit, comme Morgane. Alors le dimanche matin tous les trois, il nous arrive de manger des céréales Neo Pillows, la boîte à un euro trente-neuf de chez Lidl. Ça nous fait plaisir. On adore. Ça nous rappelle Maman, le bonheur d'avant.

Pour Noël 2021, le premier sans notre mère, ma marraine nous a invités en Belgique pour qu'on ne soit pas tout seuls. Elle était tombée de très haut en découvrant notre vraie vie en Vendée, bien plus précaire que ce qu'elle avait imaginé. Elle nous a fait rencontrer ses deux sœurs et toutes trois ont été pour nous des mamans de substitution, dans une maison confortable où rien ne manquait, surtout pas l'affection. C'était l'esprit de Noël comme Maman l'aimait, et on sentait son amour planer au-dessus de nos chocolats chauds, enfoncés dans le canapé devant l'intégrale des Harry Potter. On mangeait trop bien. On bouquinait. J'ai emmené Yonah voir la Grande-Place de Bruxelles, c'était la première fois que la petite Belge mettait les pieds dans son pays d'origine. Yonah a été couverte de cadeaux et de surprises. J'ai une immense reconnaissance envers ma marraine et ses sœurs d'avoir su nous rendre heureux dans ces circonstances. Ça aurait été tellement facile de se laisser piéger par le pathos.

En Belgique, on a aussi rencontré Laëtitia, la demi-sœur de notre mère, celle dont on ignorait l'existence. Elle a des enfants tout jeunes. On s'est promis de faire des vacances ensemble. Nous avons aussi été reçus par Ursula, notre vraie grand-mère maternelle, et par Murielle, l'amie de notre mère qui venait en vacances, membre aujourd'hui du Conseil de famille. Moi qui ai eu si peu de famille, j'accorde beaucoup d'importance à ceux que la mort de notre mère nous a donné l'occasion de retrouver. Je refuse que le gâchis se répète. J'ai toujours traduit les choses pour les rendre supportables. Si notre mère est morte, il faut que ce soit pour que l'on fasse de notre vie quelque chose de beau.

Elle ne nous a pas laissé une assurance vie à la banque, mais une façon d'être pauvre dans la dignité qui a bouleversé les gens et nous a valu la cagnotte. Les gens ont parié sur la fratrie Malo pour qu'elle s'en sorte, investi dans une start-up qui ne vend rien mais leur a montré des pauvres déterminés à s'en sortir et non coupables. Car derrière la compassion vient souvent le soupçon : « Ils ont mal dû se débrouiller pour en arriver là... Ils n'ont pas dû beaucoup se démener. » Si. Notre mère s'est beaucoup démenée, jamais une pause, pas un jour de congé, de la suractivité et du stress, payés d'un petit cancer à la fin, à cinquante-trois ans seulement. En trois semaines, elle est morte. Les gens qui disent « Quand on veut, on peut », j'ai envie de les broyer. Non, quand on veut, on peut essayer, nuance ! Mais on est loin d'être sûr de réussir et ça peut être très long. Je me souviens d'une campagne d'affiches de l'Unicef sur la pauvreté qui disait : « Il faut sept générations pour s'en sortir ». Je m'étais dit : « On va essayer que ce soit moins de sept ! »

C'est pour ça que j'ai décidé de créer l'association Précare avec la cagnotte. Pour rendre visibles les invisibles et leur dire d'oser se battre parce que non, ça ne va pas être facile, mais oui, ça vaut le coup. Comme emblème, j'ai choisi l'hirondelle, comme le tatouage offert par ma mère pour mes dix-huit ans, un oiseau qui retrouve toujours son équilibre. Je veux que notre histoire leur donne de l'espoir, l'envie d'investir à deux cents pour cent dans eux-mêmes, pour déjà ne pas ressembler à des pauvres, ni physiquement ni intellectuellement, et pour croire à un changement possible avant la septième génération. Je veux insuffler le courage de notre mère, qui a causé sa perte parce qu'elle pensait ne rien mériter, mêlé à l'estime de soi de notre père, qui a causé sa perte parce qu'il croyait, lui, tout mériter sans courage. Quand je regarde ma génération, je me dis qu'on est vraiment une génération de « branleurs », qui fait la queue pour le dernier modèle de téléphone ou des baskets en série limitée, qui se croit tout dû, en échange de rien. Une bonne vie, c'est beaucoup de travail. Je fais des journées de treize heures par jour, et peu de minutes y sont stériles. Toutes portent quelque chose, l'éducation de Yonah, l'association Pré-Care, mon entraînement physique, mes cours, ma thèse, le coaching sportif. On me dit : « Mais Roman, comment tu arrives à faire tout ça ? » J'ai envie de répondre : « Mais comment vous réussissez à faire aussi peu ? » Le problème numéro un, ce n'est pas le système, quoi qu'il soit critiquable, ni les autres. C'est l'absence d'exigence envers soi-même. Si je peux déclencher un déclic chez une seule personne, j'aurai rempli la mission que nous a laissée notre mère en nous élevant… à savoir nous élever.

Devenir enseignant relève aussi pour moi de la dette. Je veux rendre ce que l'on m'a donné. On doit tout à la France. La scolarité gratuite, les bourses pour étudier, le toit de la maison qu'on a eu sur la tête, de la maison de Sigournais au CROUS, les milliers de livres empruntés dans les bibliothèques, les soins de notre mère en fin de vie, on les doit à l'État français. Que les identitaires n'essaient pas de nous récupérer pour autant, ce qu'ils ont hélas tenté de faire en relayant notre histoire, parce que nous étions blancs, blonds, et que selon eux l'État s'occupait mieux des autres. C'est archi faux, et en plus nous sommes belges ! Pour autant, nous n'avons pas été dupes avec les autres médias. Si nous avons été invités partout et tellement mis en avant, c'est parce que nous avions l'air de sentir bon. On n'aurait été invités nulle part avec les dents de travers et en surpoids.

Les clichés sur la précarité sont tellement puissants que j'ai même enlevé la belle montre que je me suis offerte avant d'aller à la télé pour ne pas faire « faux pauvre ». Une précaution qui n'a pas empêché les commentaires du style : « Ah ouais, genre il est prof en fac, les sœurs sont super clean, et c'est des pauvres ? » Bah oui. Déjà que c'est difficile, d'être pauvre, mais en plus il faudrait y ressembler ?! Notre mère n'a jamais joué la pauvresse. Elle a toujours été une jolie maman, propre, maquillée et bien habillée. Son exemple et quelques efforts m'ont permis d'être crédible, de gagner la confiance des profs qui m'ont donné ma chance et ne m'ont jamais demandé d'où je venais, comme celle de mes vrais amis, ceux de toujours. Toute ma vie consistera à essayer de rendre. Dès que je mets le pied dans un amphi, je dis aux élèves : « Si vous avez le moindre problème, la moindre question, même si ce n'est pas en lien avec le cours, vous m'envoyez un mail, voilà mon adresse ! ». Je sais que parmi eux il y a peut-être un pauvre, et que je ne le vois pas, parce qu'il se cache. Je sais aussi que dans les villages au fond de la campagne il y a beaucoup d'autres Roman, Morgane et Yonah. Si je pouvais donner à un seul, qui trouvera ce livre à la bibliothèque, le déclic qui lui évitera de devenir fou, lui donnera envie d'essayer, je serais vraiment heureux.

Le 25 mars 2022, Morgane a été officiellement désignée tutrice de Yonah, et Roman subrogé tuteur. La juge leur a précisé que faute de ressources le placement aurait dû être demandé si les professionnels rencontrés sur leur parcours n'avaient pas jugé bon de ne pas les signaler au Parquet. Ce qu'ils avaient pris pour une possible négligence était en réalité la marque d'une bienveillance envers leur détermination et leur combat.

Remerciements

Mes pensées vont forcément d'abord à notre mère, pour les valeurs transmises, son courage sans borne, et la vie qu'elle nous a donnée… dans tous les sens du terme.

Merci à mes sœurs, épatantes, qui ont su rester solaires et vaillantes dans les moments les plus sombres.

À Manon, qui n'a jamais faibli dans sa tendresse, ni manqué d'idées lumineuses, et à nos amours, sans lesquels tout aurait été tellement plus douloureux et difficile.

À Livine, ma marraine, soutien de la première heure, qui ne prendra sans doute qu'ici la mesure de son rôle.

À Carole B., dont la bienveillance tapie dans l'ombre a tant fait pour nous.

À mes amis de lycée et au-delà, champions de la légèreté quand tout était lourd, qui m'ont adopté quand j'étais « moyen ».

À mes directeurs de thèse, Didier Acier, Yannick Prié et Samuel Bulteau, qui ont su comprendre les aléas de la vie d'un étudiant précaire.

À tous ceux, cités nominalement ou non dans ce livre, qui ont posé une petite pierre sur le chemin.

Un merci spécial à Lucile Akrich, première à avoir relayé notre combat, et à tous les contributeurs de chaque euro de la cagnotte.

Enfin à Catherine Siguret, qui a voulu et su transcrire avec fidélité la fracture sociale et psychique. Et à Mathilde Nobécourt, éditrice, qui y a cru dès la première seconde et a su en convaincre les Éditions Albin Michel.

Composition : IGS-CP
Impression : Imprimerie Floch en septembre 2022
Éditions Albin Michel
22, rue Huyghens, 75014 Paris
www.albin-michel.fr

ISBN : 978-2-226-47493-3
N° d'édition : 2501/01 – N° d'impression : 100952
Dépôt légal : octobre 2022
Imprimé en France